ÖSTERREICHISCHE AKADEMIE DER WISSENSCHAFTEN
PHILOSOPHISCH-HISTORISCHE KLASSE
SITZUNGSBERICHTE, 709. BAND

MANFRED MAYRHOFER

Die Hauptprobleme der indogermanischen Lautlehre seit Bechtel

VERLAG
DER ÖSTERREICHISCHEN AKADEMIE DER WISSENSCHAFTEN
WIEN 2004

Vorgelegt von w. M. MANFRED MAYRHOFER
in der Sitzung am 8. Oktober 2003

Die verwendete Papiersorte ist aus
chlorfrei gebleichtem Zellstoff hergestellt,
frei von säurebildenden Bestandteilen und alterungsbeständig.

ISBN 3-7001-3250-6

Gesamtherstellung: Crossdesign Weitzer, A-8042 Graz

Inhalt

Zum Titel

1. Der Titel dieser Schrift* ist – für jeden Indogermanisten erkennbar – von dem Titel eines Fach-Klassikers inspiriert: 1892 veröffentlichte FRITZ BECHTEL[1] sein Werk *„Die Hauptprobleme der indogermanischen Lautlehre seit Schleicher“*[2]. AUGUST SCHLEICHERS *„Compendium der vergleichenden Grammatik der indogermanischen Sprachen“*, erstmals 1861 erschienen, erstrebte „Sammlung und Sichtung alles dessen ..., was die Zeit der Begründung und des Aufbaues der von F[riedrich]Schlegel entdeckten Disciplin gefunden hatte“[3]; in den drei Jahrzehnten zwischen SCHLEICHERS *„Compendium“* und BECHTELS Buch hatte sich das Bild des rekonstruierten idg. Phonemsystems auf das Tiefste gewandelt, worauf in dieser kleinen Schrift wiederholt zurückzugreifen ist.

---

* Für vielfache Mithilfe, v. a. bei der Lesung der Korrekturen, habe ich RÜDIGER SCHMITT und INGRID MAYRHOFER ein neues Mal zu danken.

[1] Zu FRIEDRICH BECHTEL (1855–1924) s. vor allem den Nachruf von ERNST SITTIG, *IJ* 10 (1924/25) 414ff. (darin Bibliographie S. 416–419) und die Darstellung von R. SCHMITT, *HL* 6 (1979) 129ff. (mit Lit. 134f.); weitere Nachrufe nennt D. CHERUBIM, *LexGramm* 81a. – S. ferner G. BENSE, in: *Diachronie – Kontinuität – Impulse* (= Hallesche Sprach- und Textforschung Band 2, Frankfurt a. M. usw. 1994) 87; O. MASSON, in: BECHTEL*KOSt* I Anm. 2.

[2] Das Buch – im hiesigen Abkürzungs-System (u. S. 57ff.) BE*Hp* – erschien bei Vandenhoeck & Ruprecht in Göttingen, ist RICHARD PISCHEL gewidmet und umfaßt X + 414 Seiten. Eine gute Charakteristik des Werkes bieten WINDISCH*GSkrPhil* 438f. und SCHMITT a.a.O. 130f. – Darstellungen zu diesem Teil der Wissenschaftsgeschichte sind H. B. H. DAVIS, *A history of the research on Indo-European vocalism 1868–1892* (Diss. Univ. of N. Carolina, Chapel Hill 1972); W. A. BENWARE, *The study of Indo-European vocalism in the 19th century. From the beginnings to Whitney and Scherer* (Amsterdam 1974 [über eine vorausgehende Univ. of N. Carolina Diss. (1971) s. *IC* 20a, Nr. 3]). – Zur gesamten Geschichte des idg. Phonemsystems (von SCHLEICHER über BRUGMANN bis zu Heutigen) s. ferner J. R. COSTELLO, *Word* 46 (1995) 9ff.

[3] BE*Hp* 1. – Über AUGUST SCHLEICHER (1821–1868) s. WINDISCH*GSkrPhil* 423 (mit Lit.), 424; K. KOERNER, *LexGramm* 835aff. (mit reicher weiterer Lit.).

A. Zum Vokalismus

2. Die erste Änderung der Anschauungen war im Bereich der Vokal-Phoneme eingetreten: Hatte die frühe, im „*Compendium*“ kodifizierte Indogermanisik noch im Sinne der Sanskritozentrik[4] ein weites Phonemsystem für die Ausgangssprache angenommen, das dem des Altindoarischen weitgehend entsprach, nämlich – im Bereich der Kurzvokale –

/i/ /u/
/a/,

so führten Entdeckungen des 19. Jahrhunderts dazu, der Ausgangssprache ein engeres System,

/i/ /u/
/e/ /o/
/a/,

zuzuschreiben. Damit waren die Gleichungen erfaßt, in denen indoarischem /a/ in den klassischen Sprachen nicht /a/ (wie in lat. *ager*, gr. ἀγρός ‚Feld‘ = ved. *ájraḥ* ‚Ebene, Flur‘), sondern /e/ (wie in lat. *est*, gr. ἐστί = ved. *ásti* ‚ist‘) und /o/ (wie in lat. *potis* ‚mächtig‘, gr. πόσις = ved. *pátiḥ* ‚Herr‘) entsprachen; vorher hatte man sich lange nicht von der Vorstellung lösen können, „das /a/ der heiligen Sprache Indiens müßte primär sein, die /e/ und /o/ der westlichen Sprachen seien ‚Entartungen‘: ‚Verdünnung‘ im Falle des /e/, ‚Verdumpfung‘ im Falle des /o/“[5]. Zur Annahme der Trias der offeneren Vokale (/e/: /o/: /a/) in der Ausgangssprache führte die Entdekkung des „Palatalgesetzes“ (u. **2.1**); daß Sanskrit und seine indo-iranischen Verwandten gegenüber der Trias /e/: /o/: /a/ keine volle Dephonologisierung zeigen, sondern mitunter auch durch Sonderfortsetzungen idg. /o/ bestätigen, dafür spricht das im Ausmaß seiner Gültigkeit umstrittene Brugmannsche Gesetz (**2.2**).

2.1. Das Palatalgesetz – wonach Unterschiede wie der von ved. *kád* ‚was‘ und *ca* ‚und‘ sich nur dadurch erklärten,

---

[4] Vgl. Mh*SkrSAlteur* 130ff.; dazu Häusler 28, 29, 38.

[5] Mh*SkrSAlteur* 132.

daß eine Abweichung im Vokalismus wie in lat. *quod*/*que* schon in der Vorstufe des Indoiranischen existiert haben müsse, da nur **k̯ᵘód* > iir. **kód* > ved. *kád* gegenüber **k̯ᵘe* > iir. **ke* → **če* > ved. *ca* zu dem iir. Kontrast *ka*°/*ca*° geführt haben könne – ist in den siebziger Jahren des 19. Jahrhunderts von sechs Gelehrten unabhängig voneinander gefunden worden[6].

2.2. War das Palatalgesetz schon bei Bechtel abschließend vermerkt worden[7], wird Brugmanns Gesetz noch bis in die neueste Zeit diskutiert. Es ist für die Rekonstruktion des idg. Vokalismus insofern wichtig, als nach ihm idg. */o/ nicht immer mit */e/ und */a/ in iir. */a/ zusammenfällt, sondern unter bestimmten Bedingungen iir. */ā/ ergab. In K. Brugmanns Begründung (1876)[8] wurde idg. */o/ in offener Silbe durch iir. /ā/ fortgesetzt, vgl. ved. *dātā́ram* = gr. δώτορα (gegenüber *pitáram* = πατέρα), ved. *jā́nu-* = gr. γόνυ, ved. *dā́ru-* = gr. δόρυ, usw.[9]; die Geschichte dieses Gesetzesvorschlags ist „one of the most dramatic in the history of Indo-European linguistics"[10]. Dem Vorschlag Brugmanns waren in den Jahrzehnten nach 1876 heftige Diskussionen gefolgt, die in Hermann Hirts Dictum von 1921, das Gesetz sei tot[11], einen vorläufigen Abschluß zu finden schienen; seitdem sind positive Stimmen für idg. *(°)*o*.CV° > iir.

---

[6] S. den Exkurs „Das Palatalgesetz und seine Entdecker" in Mh*SkrSAlteur* 137–142. Über dieses Gesetz, „not dignified with a proprietor's name", s. Collinge*Laws* 133–142 (mit Lit.; das Zitat S. 135); J. Gippert, *MSS* 54 (1993) 69–71. – Der Kampf um die Urheberschaft an dem Gesetz ist in Eveline Einhausers Ausgabe von H. Osthoffs Briefen an K. Brugmann (1992) noch einmal nachzuerleben (s. Mh, *Kratylos* 38 [1993] 10).

[7] Be*Hp* 62ff.; das Palatalgesetz ist freilich „seit Bechtel" nicht nur wissenschaftsgeschichtlich beschrieben worden (s. o. Anm. 6), sondern hat noch im späten 20. Jahrhundert im Rahmen der Abstraktheitsdebatte in der Phonologie eine Rolle gespielt (s. Mh*SkrSAlteur* 141f. Anm. 78).

[8] Die Schicksale des Gesetzes sind an vielen Orten dargestellt; s. Collinge*Laws* 13ff., Szemerényi*Einf* 38, MBr*IS* 147f. – Brugmann hatte in G. Curtius (1842) einen Vorgänger, s. Mh*Ll* 146 Anm. 198.

[9] S. Be*Hp* 38,56f.

[10] A. M. Lubotsky, *Kratylos* 42 (1997) 55.

[11] Mh*Ll* 146 und Anm. 199.

*(°)*ā*.CV° wieder häufiger geworden, mit folgenden Verfeinerungen: C sei auf gewisse Konsonantenwerte zu beschränken, eine mit dem Namen von EDMUND KLEINHANS verbundene Lösung[12]; und die Definition der Stellung „in offener Silbe" habe sich durch die Anerkennung der Laryngaltheorie (u. **3.1**ff.) verändert: im Falle von H nach C sei in (°)*o*CHV° die Silbengrenze verschoben (°[*o*]C.HV°). Völlige Ablehnungen des BRUGMANNSCHEN Gesetzes sind in neuerer Zeit kaum noch festzuhalten[13]. Vielmehr sprechen sich die neueren Äußerungen für eine volle Anerkennung der BRUGMANNSCHEN Regel (ohne Einschränkungen à la KLEINHANS) aus; scheinbare Beispiele gegen das Gesetz wie ved. *páti-* = gr. πόσις, *práti* = προτί sind „durch die Annahme analogischer Verschleppung aus Kasus mit idg. */poti̯(V)-/ oder aus Sandhidubletten wie */proti̯ V-/ (= gr. πρός) außer Kraft [zu] setzen"[14]; Gleiches gilt für ved. *ávi-* ‚Schaf' (idg. **h₂óu̯i-*, luw. <ḫa-a-ú-i-iš>, gr. ὄϝις), dessen *ă* aus Kasus mit *ávy*° bezogen ist[15]; ein angebliches Gegenbeispiel zu BRUGMANNS Gesetz, ved. *ánas-* ‚Lastwagen' = lat. *onus*

---

[12] Nach E. KLEINHANS (1870–1934), der aus dem seinerzeitigen Österreich (Meran) stammte, also nicht ein „Swiss scholar" (LUBOTSKY, a.a.O.) war (s. *Österreichisches Biographisches Lexikon 1815–1950* Band III [Graz–Köln 1965] 388b), ist /C/ in dieser Formel auf /r/, /l/, /m/, /n/ zu begrenzen; Spätere fügten /i̯/, /u̯/, allenfalls auch indoarische Dauerlaute wie /s/, /h/ hinzu (MH*Ll* 147).

[13] Meine törichte Jugendarbeit, *KZ* 70 (1952) 8ff., ist mit aller Schärfe zurückzuweisen; in ihrer Ablehnung treffe ich mich mit W. COWGILL, *The Indo-European Long Vowel Preterits* (Diss. Yale Univ., 1957 [Mikrofilm]) 211f. S. MH, *Sprache* 10 (1964) 178f. Anm. 16, MH*Ll* 147 Anm. 203 (dort gegen weitere Einschränkungen des Gesetzes). – Zu J. KURYŁOWICZ, *Gs Ammer* 102 („... kein Lautgesetz, sondern eine morphophonologische Formel" [Sperrung K.s]) s. richtig A. L. SIHLER, *Language* 56 (1980) 873, *Fs Hoenigswald* 367ff. (~ MH*Ll* 147 Anm. 200, 148 Anm. 205).

[14] MH*Ll* 147, dazu Anm. 202.

[15] Zum Ansatz **h₂óu̯i-* s. MH*AKS* II (1996) 246 Anm. 20 (mit Lit.), 423 Anm. 51, MH*Ll* 135, 171; dies ist einem **h₃éu̯i-* vorzuziehen (MH*Ll* 135 Anm. 157). Letzterer Ansatz wurde irrtümlich als durch BRUGMANNS Gesetz gefährdet angesehen (da **h₃e*.C° noch nicht zu **h₃o*.C° [> iir. †**ā*.C°] umgefärbt sei). Dazu richtig I. HAJNAL, *HS* 107 (1994) 196 Anm. 8, mit Lit. – Zu beachten F. O. LINDEMAN, *HS* 103 (1990) 20f.

‚Last', ist wohl als *$h_1$énos fernzuhalten[16]. Man kommt „nicht umhin, eine Brugmannsche Regel ohne jegliche Einschränkung und damit in ihrer Urfassung" zu postulieren[17].

2.3. Die Problematik des dritten der idg. Ansätze offener Vokale, */a/, hat uns bald zu beschäftigen (**2.3.2**). Vorweg ist auf eine Folgerung aus der Entdeckung der drei Laryngale mit ihren gesicherten Wirkungen, der Umfärbung von primärem */e/ (*/h_2e/ → */h_2a/, */h_3e/ → */h_3o/ und, im Bereich von [+ lang], */eh_2/ → */ah_2/ → */ā/, */eh_3/ → */oh_3/ → */ō/, u. **3.3.1.2.1–2**, **3.3.1.3.1–2**) einzugehen; sie hatte eine Theorie zur Folge, wonach Idg. eine „Ein-Vokal-Sprache" war, die – neben */i/ und */u/ (~ */i̯/, *u̯/, unten **2.5**) – nur éinen offenen Vokal, */e/, hatte, vergleichbar dem éinen *a* (~ *i*/*y*, *u*/*v*) im Sanskrit und dem daraus erwachsenen *a* (~ *i*, *u*) im System SCHLEICHERS (o. **2**).

2.3.1. Auf solche „Ein-Vokal-Systeme" ist kurz einzugehen, obwohl ich bei meiner Überzeugung von 1986 bleibe, daß aus den idg. Laryngal-Wirkungen „entgegen extremen Hypothesen ... keineswegs alle von /e/ abweichenden Vokalfärbungen und alle Vokallängen resultieren"[18], die Typologie sich also ohne Not „mit Einvokal-Systemen befassen mußte, um indogermanistische Extrem-Model-

---

[16] MH*Ll* 147 Anm. 203; also nicht *h_3*enos* (worin „*h_3e-* had not yet merged with **o*, so that Brugmann's law did not apply", R. S. P. BEEKES, *Kratylos* 44 [1999] 64; vgl. die vorangehende Anmerkung), s. richtig HAJNAL, a.a.O. 196 Anm. 8.

[17] So HAJNAL, a.a.O. 220 und Anm. 50; s. M. VOLKART, *Zu Brugmanns Gesetz im Altindischen* (Bern 1994), bes. 63f., dazu die wichtigen Rezensionen von TH. ZEHNDER, *CFS* 48 (1994[95]) 177–184 und A. M. LUBOTSKY, *Kratylos* 42 (1997) 55–59 (mit Lit.). – Eine Umsetzung des BRUGMANNSCHEN Gesetzes in Formelsprache bietet J. J. MARTÍNEZ GARCÍA, *Veleia* 13 (1996) 275. – Seine Überzeugung, daß BRUGMANNS Gesetz ohne „KLEINHANS" gültig sei, hat JOCHEM SCHINDLER († 1994) mehrfach in Gesprächen und Vorlesungen mitgeteilt; er scheint seine Gedanken nicht für eine Publikation ausgeführt zu haben, wie mir MARTIN PETERS bestätigt (vgl. auch MH*AKS* II 299 Anm. 26, 467).

[18] MH*Ll* 90.

le zu rechtfertigen“[19]. An der Existenz von Sprachen mit Einvokal-Systemen ist nicht zu zweifeln[20], auch wenn die einzelnen Fälle noch der Diskussion unterliegen[21]. Für das Indogermanische in der durch Rekonstruktion erreichbaren Form ist jedoch davon auszugehen, daß es neben */e/ auch */o/ (in */poti-/ ‚Herr‘, */ǵonh$_1$os/ ‚Nachkommenschaft‘ usw.)[22] und */a/ als Phoneme im Bereich der Vokale [+ offen] gab.

2.3.2. Denn an „der Existenz eines … */a/ (ohne die Fälle *$eh_2e \rightarrow ah_2a$ …) ist nicht zu zweifeln“[23]; die Zeugnisse dafür sind „freilich viel weniger häufig als … **e* und … **o* und scheinen auf bestimmte lautliche Umgebungen beschränkt zu sein“[24]. Nach T. V. GAMKRELIDZE[25] tendieren z.B. Wurzeln der Struktur C_1VC_2 zu /V/ = /a/, „if the consonant sequence in the root is accessive or extro-

[19] MH*Ll* 97 Anm. 30.

[20] Hierzu besonders wichtig W. S. ALLEN, ‚On One-Vowel Systems‘, *Lingua* 13 (1965) 111ff. (mit Lit.) und die ausführliche Diskussion bei A. H. KUIPERS, *Fs Kuiper* 68ff. (S. 84: „Languages with minimal vowel systems [zero or one vowel] are not only possible but do in fact exist“). Prinzipiell zur These einvokaliger Sprachen s. D. M. JOB, *Probleme eines typologischen Vergleichs iberokaukasischer und indogermanischer Phonemsysteme im Kaukasus* (Frankfurt a. Main 1977) 52ff.; vgl. M. L. PALMAITIS, *IF* 84 (1979[80]) 46, A. MARTINET, *Gs Tovar/Michelena* 243ff. (darin ältere Lit. S. 243), SCHMITT-BRANDT, *Entw* 93, F. VILLAR, *CHL/IEFU* 141, G. DUNKEL, *Gs Kerns* 560 (und ‚The Sound Systems of Proto-Indo-European‘, *Proceedings of the Twelfth Annual UCLA Indo-European Conference* [*JIESMonogrS* 40, 2001] 1ff.). – Überlegungen zu einem „zero vowel system“ (s.o. zu KUIPERS) im Sanskrit bietet J. PINNOW, ‚Sanskrit – Eine Sprache ohne Vokalphoneme?‘ (*FL* 3 [1969] 255ff.); dazu HIN*Mi*² 116 („Extrem eigenwillig“). – Zu erwähnen ist J. E. RASMUSSEN, *Haeretica Indogermanica* (Kopenhagen 1974) 5ff. (~ Einvokalsystem im Sanskrit; ein Laryngal in der Tiefenstruktur noch vorhanden; s. die Beurteilung durch J. SCHINDLER, *IC* 21b, 41).

[21] Vgl. J.-D. CHOI, *UCLA Working Papers in Phonetics* 74 (1990) 1ff. [~ *IC* 34, A 713]; A. MANASTER-RAMER – B. J. BICKNELL, ‚Logic and philology: incommensurability of description of one-vowel systems‘, *Journal of Linguistics* (Cambridge) 31 (1995) 149ff. [~ *BL* 1995, 8639].

[22] MH*Ll* 170f.

[23] MH*Ll* 169.

[24] MBR*IS* 82.

[25] S. das Zitat von GAMKRELIDZES russischem Aufsatz (aus dessen englischem Resümee hier zitiert wird) in MH*Ll* 170 Anm. 302.

vert, with a velar phoneme in its initial consonant". Unzweifelhafte Beispiele mit */a/ sind offenbar idg. **kan* ‚singen, klingen'[26], **(H)i̯aǵ* ‚verehren'[27], **u̯astéu̯-* (~ **u̯ā́stu*) ‚Wohnstätte'[28], **maǵ^h^* ‚imstande sein'[29]; die gewichtige Stimme der niederländischen Mitforscher spricht sich freilich nach wie vor gegen ein idg. */a/ jenseits der Laryngaleinwirkungen aus[30]. Die Weisheit des Leidener Schulhauptes soll darum an das Ende dieses kleinen Kapitels treten, das dem Problem, Lösungen ohne idg. */a/ in Beispielen wie den oben genannten zu finden, die Zuversicht entgegengesetzt hat: „we should not expect to solve all problems in one generation"[31].

2.4. Auch die drei offeneren Vokale mit dem Merkmal [+ lang] zählen zum Phonembestand der rekonstruierten idg. Grundsprache[31a]. Nur jene Fälle sind dafür heranziehbar, in denen voreinzelsprachliche */ē/ */ō/ */ā/ nicht aus uridg. */eh_1/ */eh_3/ und */eh_2/ hervorgegangen sind.

2.4.1. Idg. */ē/ ist vor allem in Dehnstufen-Bildungen nachzuweisen; in Minimalpaaren wie */$b^h réh_2 tēr$/ Nom.Sg. ‚der Bruder' (ved. *bhrā́tā*, gr. φρᾱ́τηρ) ~ */$b^h réh_2 ter$/ Vok.Sg. ‚Bruder!' (ved. *bhrā́tar*) zeigt sich die Opposition */ē/: */e/. – S. Ansätze wie **(H)i̯ḗk^u̯^r̥-* ‚Leber' (gr. ἧπαρ, jav.

[26] *LIV*² 342f.

[27] *LIV*² 24f. (doch vgl. Anm. 1); H. Eichner in *LarTheor* 133 Anm. 34; vgl. des Weiteren die Lit. in Mh*EWAia* II 393.

[28] A. J. Nussbaum bei M. Peters, *Sprache* 39/3 (Sonderheft 1997 = 2003, Chronicalia Indoeuropaea 39) 101 Anm. 10. – S. die Lit. bei Mh*EWAia* II 549.

[29] Mh*EWAia* II 289 (mit Lit.), *LIV*² 422.

[30] Vgl. A. Lubotsky, *BiOr* 42 (1985) 455ff., *NewSound* 53ff., Schrijver, *Refl* 91, 109, 425ff. (dazu H. Rix, *Kratylos* 41 [1996] 154); weitere Lit. in Mh*Ll* 170 (und Anm. 302). – S. auch W. R. Schmalstieg, *Baltistica* 11 (1975) 7ff.

[31] R. S. P. Beekes, *Kratylos* 26 (1981[82]) 107 (dazu jedoch kritisch H. Eichner, *LarTheor* 133 Anm. 37); s. auch *IF* 93 (1988) 23f. – Die Zahl idg. */a/-Ansätze ist bei Gelehrten, welche die Laryngalwirkung leugnen, naturgemäß größer; s. etwa Wyatt, /a/ (passim) [dazu R. Coleman, *Lingua* 28 (1971) 146ff.]; vgl. auch J. W. Poultney, *American Journal of Philology* 90 (1969) 148f. – Zur Frage von anlautendem idg. **a-* s. J. M. Mendoza, *Emérita* 50 (1982) 325ff.

[31a] Anders F. R. Adrados, *JIES* 15 (1987) 114, der phonologische Relevanz von [+ lang] für „PIE in its earliest stage" leugnet.

yākarə), **h₃rḗǵ-* ‚Herrscher' (ved. *rā́j-* = lat. *rēx*)[32], u.a.[33].

2.4.2. Auch idg. */ō/ findet sich vorwiegend in Dehnstufen-Bildungen, vgl. idg. **dōm* Akk.Sg. zu idg. **dom-/*dem-* ‚Haus' (gr. δῶμ-α, armen. *town*)[34], idg. **u̯édōr* ‚Gewässer' (heth. *ú-i-da-a-ar*, gr. ὕδωϱ)[35].

2.4.3. Angesichts der Seltenheit von idg. */a/ (**2.3.2**) ist primäres */ā/ – anders als */ā/ < */eh₂/ – nur in wenigen Fällen zu erwarten; vgl. immerhin Dehnstufen wie **u̯ā́stu* (o. **2.3.2** und Anm. 28). – Für die Vorstufe von ved. *mātár-*, lat. *māter* usw. ‚Mutter' ist eine Deutung als **mātér-* (aus einer „Lautgebärde ... für ‚Mutterbrust, Mutter'" [**mā*]) wahrscheinlich; doch ist eine Vorform **meh₂tér-* nicht auszuschließen[36].

2.5. Die beiden geschlossenen Vokale, *i* und *u*, werden deshalb von den offeneren Vokalen (**2**[.**1**ff.]) getrennt behandelt, weil ihnen Halbvokale (*i̯*, *u̯*) gegenüberstehen. Dabei war der erste Eindruck, daß *i* und *i̯*, *u* und *u̯* jeweils Allophone nur eines Phonems (/i/ oder /i̯/, /u/ oder /u̯/) seien, worauf Fälle komplementärer Verteilung wie ved. *i-máḥ* ‚wir gehen': *y-ánti* ‚sie gehen' oder *u-tá-* ‚gewebt': *v-áyanti* ‚sie weben' hinzuweisen scheinen.

Vgl. die Allophone [R] ~ [R̥], u. **3.7.1.**

2.5.1. In neuerer Zeit wird jedoch die Auffassung vertreten, *i̯* und *u̯* hätten phonemischen Status gehabt, ebenso wie andererseits *i* und *u*. So wird auf das Lokativ-Morphem {-i} verwiesen, dessen /-i/, auch an /V-/ getreten, nie unsilbisch wird; **-o-i* steht in diesen Fällen sonstigen diphthongischen Ausgängen auf **-oi̯* gegenüber[37]. „Von

---

[32] S. die Lit. in *LIV*² 304 Anm. 2 [~ **h₃réǵ-*].

[33] MH*Ll* 172, MBR*IS* 83f.; prinzipiell zur Dehnstufe s. R. Beekes, *SprwPhil* 33ff.

[34] MBR*IS* 84.

[35] MH*Ll* 172, MBR*IS* 84.

[36] S. die reiche Lit. bei MH*EWAia* II 345; Tremblay 2003, 85, 149 Anm. 161, 150 Anm. 164.

[37] Vgl. die auf Gedanken Jochem Schindlers fußende Darstellung in MH*Ll* 161 und Anm. 267. Skeptisch dazu B. Forssman, *Kratylos* 33 (1988) 63; die Frage „steht zur Debatte" (MBR*IS* 85).

diesem /-i/ – das in Opposition zu /-i̯/ steht – ist das lokativische Adjektivsuffix /-i-o-/ > /-ii̯o-/ abgeleitet, das, in scheinbarem Gegensatz zu Sievers' Regel ... in Fällen wie ved. *dámiya-* ..., *dúriya-* ..., *ápiya-* ... erscheint und sich zu den Suffixformen auf **-i̯o-* in Opposition findet"[38]. – Unabhängig von der Frage des phonemischen Status gibt es Fortsetzer von **i* und **u* (wie **tris* ‚dreimal', **snusó-* f. ‚Schwiegertochter')[39] und auch Rekonstrukte mit *i u* [+ lang], deren *ī* ~ *ū* nicht laryngalbedingt ist, wie in **u̯īs* Nom.Sg. ‚Gift', **nū(n)* ‚nun, jetzt'[40].

2.5.2. Mit *i̯* und *u̯* – ob nun Phoneme oder Allophone – verbindet sich ein Phänomen, dessen Aufklärung mit dem Namen des großen Germanisten und Phonetikers EDUARD SIEVERS verbunden ist[41]: unter Sonderbedingungen erscheinen vor /V/ nicht *i̯*/*u̯*, sondern silbische *i*/*u*, die offenkundig mit dem folgenden Vokal durch homorgane „glides" verbunden werden; neben *i̯*V/*u̯*V stehen solchermaßen *ii̯V*/*uu̯V*. Dieser SIEVERSSCHEN Regel ist in der neueren Forschung eine Anzahl von Einschränkungen und Ausnahmen zugeschrieben worden; doch verbleibt ein idg. Kern der Regel, die bald zu wirken aufgehört hat. Die Forschungsgeschichte und die reiche Literatur zu „SIEVERS" ist in den neueren Darstellungen großteils erfaßt[42].

---

[38] MH*Ll* (~ SCHINDLER) 161. – Über die Problematik der Suffixe **-i̯o-*, **-ih₂o-* und **-ii̯o-* s. MBR*IS* 286ff., mit Lit., M. J. KÜMMEL, *Kratylos* 43 (1998) 81ff.; wichtig I. BALLES, *Sprache* 39 (1997[2000]) 141ff., 161f.

[39] MH*Ll* 168f.

[40] MH*Ll* 171; zweifelnd B. FORSSMAN, *Kratylos* 33 (1988) 59 und Anm. 18.

[41] Der Anteil des amerikanischen Indologen FRANKLIN EDGERTON an einer Erweiterung dieser Regel wird in der neueren Literatur geringer eingeschätzt; man kommt von der Benennung „SIEVERS-EDGERTON-Regel" mehr und mehr ab (MH*Ll* 164, 167 mit Anm. 291; günstiger SZEMERÉNYI*Einf* 112, 115).

[42] Vgl. MH*Ll* 164ff., SZEMERÉNYI*Einf* 112ff., MBR*IS* 90. Nachzutragen sind: I. ICKLER, *OLZ* 71 (1976) 117ff.; I. BALLES, *Sprache* 39 (1997[2000]) 155 und Anm. 30 (zur Aufgabe des Gesetzes [„in fast allen Sprachen unabhängig"]); E. SEEBOLD, *Kratylos* 46 (2001) 150f.

2.5.2.1. Eine der „Einschränkungen, die … letztlich die Regel [SIEVERS'] bestätigen"[43], ist die Regel von F. O. LINDEMAN, „lediglich die Satzsandhiversion von SIEVERS"[44]. – Der Natur solcher Regeln und ihrer Umkehrung entspricht es, daß auch ein „reverse of Lindeman's Law" anzuerkennen ist (s. B. VINE, *Gs Schindler* 593 Anm. 128; M. PETERS, *Sprache* 39, Heft 3 [Sonderheft = Chronicalia Indoeuropaea 39], 1997 [2002], 100)[45].

2.6. „Die ablautfähigen Vokale verbinden sich mit */i̯/ und */u̯/ zu zweiphonemigen fallenden Diphthongen"[46] [„EU̯"]. – Die Problematik von Diphthongen mit [+ lang] im ersten Vokal (ĒU̯) ist Gegenstand besonderer Betrachtung (u. **2.6.2[.1]**).

2.6.1. Sichere Rekonstrukte mit */EU̯/ sind idg. **dei̯u̯ó-* ‚himmlisch, Himmlischer', **(H)ói̯no-* ‚ein', **lai̯u̯o-* ‚link'[47], **leu̯k-* ‚aufleuchten, hell werden' ~ **lou̯kó-* ‚Lichtung, lichter Raum'[48],**k̑lou̯ni-* ‚Hinterbacke', **sau̯so-* ‚trokken'[49].

2.6.2. Langdiphthonge (*/ĒU̯/) sind neben den Diphthongen mit kurzvokalischem Vorderglied (**2.6[.1]**) in einigen problemlosen Fällen anzusetzen:

---

[43] MH*Ll* 166.

[44] J. SCHINDLER, *Sprache* 23 (1977) 64; s. MH*Ll* 167, A. KORN, *Metrik und metrische Techniken im R̥gveda* (Graz 1998) 127ff., MBR*IS* 90 (mit Lit.).

[45] Nicht zugänglich waren mir folgende Titel zum idg. Vokalismus: M. V. VORONCOVA, Indoevropejskij vokalizm v koncepcii F. F. Fortunatova s fonologičeskoj točki zrenija, *VMU* 1982/5, 36ff. [*IC* 29b, 42]; K. SAKAI, Saussure and the Proto-Indo-European Vowel System, *SophiaLing* 17 (1984) 57ff. [*IC* 32a, 11]; A. B. DOLGOPOLSKY, The Nostratic vowels in Indo-European, *NostrDCAustrAmer* (1992) 298ff. [*BL* 1995, 471]. – Über J. GREENBERGS Auffassungen zum idg. Vokalsystem (mit Einschluß von *e*/*i*- bzw. *o*/*u*-Ablaut) genüge ein Hinweis auf die Referate in *IC* 34, A 403.3 (~ A 404.7; A 414).

[46] MH*Ll* 172.

[47] Bezeichnung eines Mangels bzw. Gebrechens, wie auch **kai̯ko-* ‚(auf einem Auge) blind', worüber F. DE SAUSSURE 1912 (~ MH*Ll* 172 Anm. 313).

[48] Vgl. U. ROESLER, *Licht und Leuchten im R̥gveda* (Swisttal-Odendorf 1997) 120ff.; *LIV*[2] 418f.; TH. OBERLIES, *Kratylos* 47 (2002) 84.

[49] MH*Ll* 172f., MBR*IS* 93, 94f. – Zum allmählichen Herausarbeiten indogermanischer Diphthonge aus dem SCHLEICHERSCHEN System s. BE*Hp* 76ff.

a) in Dehnstufenbildungen zu Wurzeln mit */-EU̯-/, wie im dehnstufigen Nom.Sg. **di̯ēu̯s* ‚Himmel, Tag'; dem dehnstufig gebildeten Aktiv des s-Aoristes wie **lĒi̯k*$^{u̯}$*-s-* (ved. *āraik*); oder den dehnstufigen Formen des Aktiv Singular im akrostatischen Typus („Narten-Präsens") wie **stēu̯ti* ‚preist'[50].

b) bei Kontraktion zweier Vokale vor */U̯/, wie im Falle des Ausgangs des Dat.Sg. der *-o*-Stämme (**°o-ei̯* → **°ōi̯*, aav. *ahurāi*, gr. ἵππῳ)[51].

2.6.2.1. Im Lichte der Laryngaltheorie (**3.1**–**3.5.3.1**) sind hingegen die viel wichtigeren Ansätze für Langdiphthonge hinfällig geworden, die in angeblichen Primärwurzeln mit */ĒU̯/ bestanden. Diese „*āi*-Wurzeln", wie sie in dem zu seiner Zeit pionierhaften Aufsatz des neunzehnjährigen Wilhelm Schulze[52] genannt wurden, sind als */°EHU̯-/ aufzufassen, geben also nicht, wie etwa der klassische Ansatz **pōi̯* ‚trinken', CV̄C, sondern (als **peh*$_3$*i̯*)[53] CVCC wieder; dabei ist von primären **peh*$_3$ auszugehen, zu dem sich *-*i̯*- als geläufiges Präsenszeichen fügte. In meiner „Lautlehre"[54] ist dies hinlänglich und mit Anführung der wichtigsten Literatur dargestellt worden, sollte also hier nicht wiederholt werden[55].

---

[50] Einzelnes und Lit. bei MH*Ll* 173 mit Anm. 315–317; a.a.O. (mit Anm. 318–319) zur Erklärung des Lok.-Sg.-Ausgangs der *-ei̯*-Stämme auf */-ēi̯/.

[51] MH*Ll* 173; MBR*IS* 93, 197, 200.

[52] S. MH*Ll* 174, Anm. 320.

[53] Vgl. *LIV*^{2} 462f.

[54] MH*Ll* 174f., mit Anm. 321–325.

[55] Zweifelnd dazu Szemerényi*Einf* 149f. (die Wurzel für ‚trinken' habe nie „einen Laryngal gehabt [vgl. heth. *pas-* ‚schlucken' ...], so daß wir wahrscheinlich ... zur alten Auffassung werden zurückkehren müssen"; doch s. zu *pašš-* <**peh*$_3$*-s-* H. C. Melchert, *Sprache* 33 [1987] 26, *AHPh* 77, Kimball, *HHPh* 403). – Nicht zugänglich war mir T. S. Glušaks Versuch einer Interpretation der idg. Langdiphthonge unter synchron-typologischem und genetischem Aspekt (so die Übersetzung in dem Referat *IC* 16b, 29), *Tipologija i vzaimodejstvije slavjanskich i germanskich jazykov* (Minsk 1969) 21ff.; zu den Diphthongen ist noch W. R. Schmalstieg, *CHL*/*IEFU* 129 zu nennen (~ frühe idg. Monophthongisierungen im absoluten Wortauslaut).

2.7. „In älteren indogermanistischen Darstellungen taucht ein Schwachvokal (meist als *ə* dargestellt) dort auf, wo wir heute hinter den einzelsprachlichen Realisierungen einen Laryngal ansetzen“[56]; in jetziger Auffassung gehört also „Schwa“ nicht in den Vokalismus, sondern zur Laryngaltheorie (u. **3.3.1.1.3**, **3.3.1.2.3**, **3.3.1.3.3**). – Nur mit der wissenschaftsgeschichtlichen Situation hängt es zusammen, daß man diesem „Schwa indogermanicum“ ein „Schwa secundum“ zur Seite gestellt hat, wo für die Grundsprache „phonologisch irrelevante Schwachvokale ... bei schwundstufigen Ablautformen beobachtet werden“ konnten[57]; vgl. neben **pet-* (gr. πετάννυμι) reduktionsstufiges *$p_e t$-[58] > gr. πίτνημι, lat. *patēre*, neben *$me\acute{g}h_2$- (gr. μέγας) *$m_e\acute{g}h_2$- (bzw. *$m^\circ\acute{g}h_2$-) > lat. *magnus*, neben *$k^{\underset{\frown}{u}}et^\circ$ (dor. τέτορες, aksl. *četyre*) *$k^{\underset{\frown}{u}}{}_e t^\circ$ bzw. *$k^{\underset{\frown}{u}\circ}t^\circ$) > lat. *quattuor*, usw.[59].

---

[56] MBr*IS* 76.
[57] MBr*IS* 77.
[58] So Mh*Ll* 176; sinnvoller wohl MBr*IS* 77 (**p°t*- u.dgl.).
[59] Mh*Ll* 175ff., mit Lit.; weiteres bei MBr*IS* 77. – Zum idg. Vokalismus s. ferner R. Schmitt-Brandt, *Kratylos* 11 (1966) 166ff.

B. Zum Konsonantismus

BA. Die Laryngaltheorie. Ihr Ursprung

3.1. Während die Veränderung der Anschauungen vom idg. Vokalismus einen wichtigen Platz in BECHTELS Darstellung einnimmt (o. **2–2.2**), ist ihr die Laryngaltheorie noch unbekannt – wiewohl die von ihr vorausgesetzten Erkenntnisse FERDINAND DE SAUSSURES und die Integration eines wichtigen Teiles von SAUSSURES System in das luzide Werk HEINRICH HÜBSCHMANNS hinreichend bei BECHTEL erscheinen[60].

3.1.1. In dem „*Mémoire*" des zwanzigjährigen DE SAUSSURE[61] ist von „Laryngalen" noch nicht die Rede; es bedeutet aber, wie ich 1987 schrieb[62], den Beginn der „Laryngaltheorie", „daß bald nach BRUGMANNS Erkenntnis der Nasalis sonans der zwanzigjährige DE SAUSSURE ihr eine scheinbar kleine, aber entscheidende zusätzliche Erkenntnis folgen ließ". Es handelt sich um ein Ernstnehmen der indischen Grammatiker, welche Aniṭ- und Seṭ-Wurzeln trennten; den letzteren folgte in gewissen Kategorien ein *-i-*, vgl. ved. *jan-i-tár-* ‚Erzeuger' gegenüber *man-tár-* ‚Denker', zu *jan* („Seṭ") gegenüber *man* („Aniṭ"). Schwundstufe zu Aniṭ-Wurzeln war, vedisch gesprochen, ein „minus *a*", also *mn̥-* (> ved. *ma-* in *ma-tá-* ‚gedacht', *ma-tí-* f. ‚Denken', lat. *men-ti-*, ahd. °*mun-t*, usw.); bei *jan^i* aber stand für diese Schwundstufe nicht ved. †*jñi-*, gr. †γνα-, lat. †*gna-* u.dgl., sondern ved. *jā-* (in *jā-tá-* ‚geboren'), gr. /gnē/ in °γνητος, inschr. °γνε̄τη fem.[63], lat. *(g)nā-* (in *gnātus*, *nātus* [SOMMER–PFISTER

---

[60] Vgl. BE*Hp* 188, 189, 193ff., 207, 212, 219, 224, 236f., 240; dazu ausführlich GMÜR 87–100 (~ MH, *Kratylos* 33 [1988] 7 = *AKS* 277). – Bei GMÜR 86 richtig über HÜBSCHMANN: er stehe „an einsamer Spitze. Er war nahe daran, S[aussure].s System zu akzeptieren" (~ MH, a.a.O. 6 = 276). – Vgl. auch A. L. SIHLER, *LarTheor* 548ff.; über SAUSSURE s. (mit unzureichender Kenntnis der neueren laryngalistischen Lit.) C. RUBATTEL, *Fs Engler* 231ff. [~ *IC* 34, A 52.6].

[61] Zum de facto „Ende 1878 und somit wenige Wochen nach seinem 21. Geburtstag" erschienenen „*Mémoire*" s. MH, *Nach hundert Jahren* 9.

[62] *KZ* 100 (1987) 88 = *AKS* 412.

[63] Mh*Ll* 128 Anm. 126.

177]). Dem in der vollstufigen Wurzelform *jani-* enthaltenen *-i-* entsprach in der Schwundstufe also kein Vokal, sondern ein „plus x“ zu dem zu erwartenden **-n̥-*; SAUSSURE hatte hier mit Ansätzen wie „*gn̥̄*^{A}-“ oder prägriech. „*γn̥̄*^{ε}“-[64] schon spätere Erkenntnisse vorweggenommen; die klassische Indogermanistik, die SAUSSURE bereits weitgehend folgte[65], hat den Ansatz einer „langen Nasalis sonans“, also **n̥̄*, weitergetragen. Dieses „plus x“ zeigt sich auch in dem „kühne[n], letztlich zwingende[n] Schluß, ved. *pūtá-* sei gleich *pavitá-* ohne *a* ..., die Länge des *-ū-* von *pūtá-* ‚rein‘ sei ursprungsgleich dem *-i-* von *pavitár[-]* ‚Reiniger‘“[66]; daß die Schwundstufe zu *jan*^{i}, saussurisch **°an-A-*, **-n̥-A-* und nicht †*nA*-war, daß neben *pavitár-* „als Schwundstufe *pūtá-* und nicht **pvitá-* eingetreten war“, zeigte, „daß der Koeffizient *A* sich ... nach CN- und CU̯- nicht vokalisierte wie nach CVN-, CVU̯-“[67].

Die „coefficients sonantiques“ – zu *A* trat noch im „*Mémoire*“ *O̧*, dem alsbald A. FICK[68] *E* hinzufügte – werden bei SAUSSURE offenbar als den Vokalen verwandt angesehen[69]. Wichtig ist, daß auch seine bereits im „*Mémoire*“ angedeutete, später[70] genauer ausgeführte Deutung von aia. *th* aus *t* + *ə*[71] nicht von einem konsonantischen Wert des „coefficients“ bzw. des *ə* ausgeht, sondern **-tə*-V- > *-th*V- als Elision des vokalischen *ə* mit behauchender Wirkung erklärt. SAUSSURE hat immer, noch in seinem

---

64 SAUSSURE, *Mém* 271 Anm. 272 = SAUSSURE, *Recueil* 254.

65 S. dazu MH, *Nach hundert Jahren* 26ff.

66 MH, *KZ* 100 (1987) 89 = *AKS* 413; dort Anm. 14 das Originalzitat aus dem *Mémoire*, „l'*ū* de *pūtá* contient le *-vi-* de *pavi-*, rien de moins, rien de plus“.

67 MH, a.a.O. 90 = 414.

68 *GGA* Stück 14 (7. April 1880) 437f.; vgl. auch H. MÖLLER, *Englische Studien* 2 (1880) 151 Anm. 1. Dazu MH, *Nach hundert Jahren* 23 Anm. 68.

69 Er stellt seine *A*, *O̧* in eine Gruppe mit *i*, *u*, *m*, *n*, *r*, *l* (dazu MH, a.a.O. 22 Anm. 63, 28 Anm. 79).

70 *BSL* 7 (1888–1892) cxviij; zum Vorgang des „*Mémoire*“ s. J. KURYŁOWICZ, *CFS* 32 (1978) 23.

71 Diese Symbolgebung für seine *A* usw. übernimmt der SAUSSURE von 1891; zur noch späteren Notation *ö* (1909) s. O. SZEMERÉNYI, *BSL* 68 (1973) 9 = *ScrMin* 199.

agricola-Aufsatz von 1909, bei *A* bzw. *ə* an etwas wie Vokale gedacht[72].

3.1.2. Was wir „Laryngaltheorie" nennen, ist ohne die genialen Beobachtungen des jungen DE SAUSSURE nicht denkbar. Der entscheidende Schritt in der Anerkennung konsonantischer Werte (u. **3.3.1.2.4**) liegt aber in der brillanten Studie von ALBERT CUNY, *Revue de Phonétique* 2 (1912) 101ff. – einer innerhalb der frankophonen Indogermanistik durchaus nicht übersehenen oder vergessenen Arbeit[73], die gleichwohl außerhalb des frankophonen Bereiches schwer zugänglich geblieben war; wer sie wiederlesen kann, „findet sich überwältigt von der Modernität und Überzeugungskraft"[74] der dort vorgetragenen Thesen. Sie erklären mit der Annahme, SAUSSURES „coefficients sonantiques" seien Konsonanten, sowohl das vorkonsonantische Verhalten von CN- vor „*A*" bzw. „*ə*" (**ǵn-A-* > **ǵn̥-A-*, „**ǵn̥̄-*", nicht †*ǵnA-*, ved. †*jñi-* usw.), die häufige Fortsetzung von „*ə*" als Ø (ved. *a-di-ta* ~ °*ttá-* usw.), die Behauchung von Okklusiven vor antevokalischem „*ə*" (Typus **pl̥t-ə-ú-*); die Fälle von Vokalisierung (ved. *i* = gr. ε α ο = lat. *a* usw.) seien als Sonorisierungen dieses Konsonanten, wahrscheinlich durch Entstehung von Sproßvokalen, erklärbar[75].

---

[72] O. SZEMERÉNYI, a.a.O. 9 und Anm. 30 = 199 und Anm. 30; vgl. MH*Ll* 91 Anm. 7 (mit weiterer Lit.), *KZ* 100 (1987) 90 Anm. 18 = *AKS* 414 Anm. 18. – Zu den „coefficients" DE SAUSSURES s. ferner C. VINCENOT, *BSL* 82 (1987) 357ff. („Laryngalphantasien" nach M. PETERS, *IC* 34, A 590; dazu Addenda in *BSL* 85 [1990] 351f.).

[73] Vgl. die Angaben bei MH, *KZ* 100 (1987) 90 Anm. 17 = *AKS* 414 Anm. 17. – Zu A. CUNY s. zuletzt R. SCHMITT, *Studia Indo-Europæa* 1 (2001[2002]) 267f.

[74] MH, *Nach hundert Jahren* 31.

[75] Vorgänger von CUNY in der konsonantischen Auffassung war HERMANN MÖLLER; vgl. dazu GMÜR 60ff., 147ff. (mit Lit.; nach GMÜR 148 ist der „eigentliche Begründer der Laryngaltheorie ... H. Möller, und das Verdienst, [sie] als erster ... systematisiert und entwickelt zu haben, kommt A. Cuny zu"). – Der Anteil A. CUNYS an der Herausbildung der Laryngaltheorie bleibt auch bei GMÜR „beachtlich genug" (MH, *Kratylos* 33 [1988] 9 = *AKS* 279); eine wichtige Leistung in GMÜRS Buch ist die sorgfältige Herausarbeitung von HOLGER PEDERSENS Beitrag (s. MH, a.a.O. 9 = 279 und Anm. 54, 55; unten Anm. 148). – Zur Geschichte der Laryngaltheorie s. auch K. H. SCHMIDT, *Gs*

Obwohl in Cunys Aufsatz alle Argumente für einen konsonantischen Charakter der „coefficients" schon vorlagen, gelangte dieser letzte Schluß aus dem Gedankengut des *„Mémoire"* nur in die Arbeiten einer kleinen Gruppe von „Häretikern"; ein größerer Teil der Erkenntnisse von Saussures Frühschrift war ja bereits in die klassische Lehre von Hübschmann, Brugmann, Meillet übergeflossen[76]. Über Nacht schien sich diese Situation zu ändern, als 1926 Jerzy Kuryłowicz in der damals seit einem Jahrzehnt erschlossenen hethitischen Sprache ein durch <ḫ> ausgedrücktes Phonem in sicheren etymologischen Gleichungen feststellte, wo es jenem theoretischen Ansatz entsprach, den wir heute als /h_2/ bezeichnen und der, grob gesprochen, dem *-a*-färbenden Koeffizienten Saussures, dem zweiten der drei Laryngale Cunys entsprach[77]. Für einen Teil der Indogermanisten war damit der konsonantische Charakter der „coefficients" bewiesen, obwohl dieser Beweis aus strenger sprachvergleichender Logik schon 1912 gezogen werden konnte – als das Hethitische noch unerschlossen war. Selbstverständlich sind die Aussagen der kostbaren alten anatolischen Sprachen für die diachrone Phonologie des Indogermanischen segensreich und fördernd[78] – aber für die Rezeption der „Laryngaltheorie" war die Dominanz der <ḫ>-Problematik vorübergehend hemmend: zog sie doch einen Teil der Forschenden zu einem plurilaryngalistischen Perfektionismus ab[79] und hatte dies andererseits die Abkehr vieler und produktiver Vertreter des Faches von der geistvollen Schöpfung de

J. Kuryłowicz I 11ff. – [Für eine Auffassung der „Laryngale" als Unterklasse der uridg. Vokale, die sich durch metrische Schwäche auszeichne, plädieren E. Reynolds, P. West und J. Coleman, *Diachronica* 17 (2000) 351ff.].

[76] Mh, *Nach hundert Jahren* 31 und Anm. 95.

[77] Mh, a.a.O. mit Anm. 96; J. Kuryłowicz' Artikel „ə indo-européen et ḫ hittite" (*Symbolae grammaticae in honorem Ioannis Rozwadowski* I [Krakau 1927] 95ff.) wurde im Jahr 1926 redigiert (Gmür 167, 170).

[78] Vgl. in neuerer Zeit die luziden Darstellungen zu den idg. Grundlagen des anatolischen Phonembestandes: Melchert, *AHPh* (1994) und Kimball, *HHPh* (1999).

[79] Vgl. Mh, *Nach hundert Jahren* 32f. und Anm. 100.

SAUSSURES, CUNYS und des frühen KURYŁOWICZ[80] zur Folge. Ich stehe weiterhin zu meinem Urteil, „für die Laryngaltheorie – natürlich nur für diese – wäre es günstiger gewesen, das Hethitische hätte nicht, oder erst später, unser Sichtfeld betreten. Die Laryngaltheorie wäre stärker mit einer Methode primär interner und dann erst komparativer Rekonstruktion ausgebaut worden, während nach dem Bekanntwerden des Hethitischen, wie man weiß, die Vergleichung den von SAUSSURE angebahnten Struktur-Erwägungen deutlich vorgezogen worden ist“[81]. Ich verwies an dieser Stelle auf einen – damals noch lebenden, daher nicht namentlich genannten – Mitforscher, der mir um 1952 gesagt habe, „seine seit Studententagen gefestigte Überzeugung habe mit dem Hethitischen primär nichts zu tun“. Ich vertrat dort die feste Überzeugung, ein Forscher dieses Formats hätte die Erkenntnisse der Laryngaltheorie „ohne Hethitisch … aus den Schriften SAUSSURES und CUNYS sowie … von … KURYŁOWICZ weitergedacht und … an seinen Schülerkreis vermittelt“[82]. Heute kann ich das Incognito lüften: gemeint war KARL HOFFMANN (1915–1996), einer der hellsten Geister in der gesamten Geschichte der Indogermanistik[83]. Durch sein Wirken wären die Erkenntnisse der Laryngaltheorie heute, auch ohne Hethitisch, Gemeingut unseres Faches. Vorerst aber wurden viele wichtige Stellungnahmen von Geistern geringeren Helligkeitsgrades beherrscht; das unerfreuliche Kapitel BAa (**3.2**) kann uns nicht erspart werden.

---

[80] J. KURYŁOWICZ' Arbeiten vor 1935 handeln mit der einzigen Ausnahme des <ḫ>-Aufsatzes (o. Anm. 77) nicht vom Hethitischen, sondern von den für die „ə“-Problematik wichtigsten Sprachen, Indo-Iranisch und Griechisch. – Zum Spätwerk des großen polnischen Gelehrten darf ich meine Reserve wiederholen (MH*Ll* 125f. Anm. 115, 147 Anm. 200, 148 Anm. 205 [mit Lit.]); vgl. auch W. STEFAŃSKI, *LPosn* 32–33 (1989–90) 321ff.

[81] MH, *KZ* 100 (1987) 92 = *AKS* 416; dort ein Verweis auf die ausgezeichnete Darlegung von URS EGLI, *Festschrift für Peter Hartmann* (Tübingen 1983) 336 (~ MH, *Kratylos* 33 [1988] 6 = *AKS* 276 Anm. 32).

[82] MH, a.a.O. 92 = 416.

[83] Zu gedenken ist auch des einzigen akademischen Lehrers, der den Studenten HOFFMANN in diesem Sinn beeinflußt hat: WALTHER WÜST. „Daß dem jungen Hoffmann die Laryngaltheorie nicht über den Indogermanisten Ferdinand

BAα. Die Gegnerschaft

> Die Wahrheit kann warten: denn sie hat ein langes Leben vor sich. Das Aechte und ernstlich Gemeinte geht stets langsam seinen Gang und erreicht sein Ziel; freilich fast wie durch ein Wunder: denn bei seinem Auftreten wird es in der Regel kalt, ja, mit Ungunst aufgenommen, ganz aus dem selben Grunde, warum auch nachher, wenn es in voller Anerkennung und bei der Nachwelt angelangt ist, die unberechenbar große Mehrzahl der Menschen es allein auf Auktorität gelten läßt, um sich nicht zu kompromittieren, die Zahl der aufrichtigen Schätzer aber immer fast noch so klein bleibt, wie am Anfang.
>
> ARTHUR SCHOPENHAUER, *Ueber den Willen in der Natur* (Einleitung).

> Als Pythagoras seinen bekannten Lehrsatz entdeckte, brachte er den Göttern eine Hekatombe dar. Seitdem zittern die Ochsen, sooft eine neue Wahrheit an das Licht kommt.
>
> LUDWIG BÖRNE, *Aphorismen und Miszellen* Nr. 268.

3.2. In MBR*IS* VIII muß auf die Vorgänger-Darstellung von ^{3}1958 (~ ^{6}1985) verwiesen werden, nach der „die ‚Laryngaltheorie' weder in ihrer Substanz noch in ihrer Methodik als gesichert" zu gelten habe; zu Recht widerspricht MBR*IS* a.a.O. diesem Diktum auf das Entschiedenste. – Das noch in den späten Sechzigerjahren maßgebliche *Indogermanische Etymologische Wörterbuch*[84] rechtfertigt wortreich die Nicht-Aufnahme laryngalistischer Ansätze – mit der einzigen Ausnahme von **reHi-*/**reH-* ‚Besitz, Sache'[85]. Hatten die überzeugenden Argumente für **reh₁-í-*[86] den Verfasser dazu veranlaßt? Nein – er

Sommer, sondern über den Indologen Wüst vermittelt worden ist, ist ein bezeichnendes Paradoxon der Forschungsgeschichte" (H. EICHNER, *AlmÖAW* 149 [1999] 488).

[84] POKORNY*IEW* II (1969) 2f.

[85] POKORNY*IEW* I (1959) 860.

[86] S. die Angaben bei MH*EWAia* II (1996) 438f.; vgl. u. **3.3.1.1.2** und Anm. 105.

mutet uns die geradezu verwerfliche Entschuldigung zu, er habe seine Skepsis in diesem Fall nur überwunden, „um Szemerényi einen Gefallen zu tun“[87].
GIULIANO BONFANTE habe „zur Laryngalhypothese Vortreffliches geschrieben“, bescheinigt ihm – mit reichen Lit.-Angaben – ein kongenialer Berichterstatter[88]; für humorbegabte Leser werden BONFANTES verständnislose Kritiken durch die Deftigkeit ihrer Formulierungen gemildert, so, wenn er „le caratterístiche psicològiche – starei per dire patològiche“ der Laryngalistik[89] betont oder Laryngale als Ursachen der armen.-griech. Vokalprothesen „infatti cosa da rídere“ nennt[90]. Dem Humorbegabten fällt es schwerer, all das Ärgerliche zu ertragen, das HEINZ KRONASSER zum Laryngal-Thema geschrieben hat: da wird immer wieder – wegen der Beteiligung von MÖLLER, und in völliger Genie-Blindheit gegenüber SAUSSURE – die Theorie als durch die semitisch-indogermanische Verwandtschaft vorausgesetzt abgelehnt[91] und gegen einen „terminologischen Trick“ polemisiert, „die semitischen Laryngale als ‚laryngals‘, die angeblichen indogermanischen … aber als ‚laryngeals‘ zu bezeichnen“[92]; in seinem älteren Büchlein folgt KRONASSER sogar der Praxis mittelalterlicher Dispute, wenn er „… alle, die durch Nichtberücksichtigung die Laryngalhypothese ablehnen“, als Zeugen aufzählt[93]. –

[87] POKORNY*IEW* II 2. – Meine Bestürzung über diese Argumentation ist seit 1970 (*BiOr* 27, 328) nicht geringer geworden.

[88] KRONASSER*VLFL* 245.

[89] S. dazu MH, *Sprache* 10 (1964) 176 Anm. 9.

[90] So 1993; s. *IC* 35, A 711.

[91] KRONASSER*Etym* 94f.; vgl. dazu MH, a.a.O. 180 Anm. 10. – S.u. **3.5.2** und Anm. 160.

[92] KRONASSER*Etym*, a.a.O.

[93] KRONASSER*VLFL* 245f. – Mein Urteil über KRONASSERS Äußerungen zur Laryngaltheorie trifft sich mit dem von H. EICHNER (*LarTheor* 124: „Die … von … *Kronasser* vehement verfochtene Nullösung … hat sich als derart verfehlt erwiesen, daß ihr niemand mehr die Treue halten mag“) und mit dem von W. MEID (*LarTheor* 349 Anm. 18: „Kronasser ist – als rückständiger, sich emotional artikulierender Antilaryngalist … für Laryngalisten … ein besonders verpönter Autor (und daß man ihm Irrtümer nachweisen kann, gibt dem auch eine gewisse objektive Rechtfertigung) …“ [ich muß

Daß „ein lernfähiger junger Forscher sich auf Grund seiner Vertrautheit mit Balkanologie und allgemeiner Logik, aber ohne indogermanistische Grundkenntnisse zum Richter über eine ihm nur aus Zerrbildern bekannte Laryngaltheorie aufschwingt“[94], kann ich nach wie vor, wie 1982, nur schärfstens verurteilen[95].

Bedenklicher ist, wenn in einem grundgescheiten Büchlein, das gegen die Perversionen des Omnikomparatismus anschreibt[96], unter den dort gegeißelten phantastischen Verirrungen auch die Laryngaltheorie erscheint – mit dem grotesken Bemühen, sie als „Hypostase eines Doppelpunktes“ zu erweisen[97]. Aus mangelnden indogermanistischen Kenntnissen – und wohl auch dank schlecht gewählten Gewährsleuten – sind Fehlurteile wie „Idg. *bheuH-*, mit *H*, … nicht durch eine hethitische Entsprechung abgesichert; man hat von *bheu-* auszugehen“[98] zu erklären; die indischen Grammatiker der vorchristlichen Zeit mit ihrem Seṭ-Ansatz *bhav*^{i}: *bhū* waren da bereits klüger.

Daß noch 1998 „the Laryngeal Theory … as the greatest mistake in the history of Indo-European studies“ deklariert wird, läßt sich als Urteil einer „neue[n] Autorität … [, die] dann praktisch jeden deutschen Titel falsch“ schreibt[99], leicht ertragen.

3.2.1. Ernster zu nehmen sind Versuche, durch Lösungen traditioneller Art Resultate zu erklären, für deren Deutung

---

um Weiterlesen dieser Anmerkung Meids bitten, um der Gefahr und dem Vorwurf zu entgehen, diese Worte – denen ich so sehr zustimme – aus dem Zusammenhang genommen zu haben]). – Ein Selbst-Zitat kann ich nur mit Nachdruck wiederholen: Es „bereitet mir stets beträchtliche Schwierigkeit, die Kommentare H. Kronassers [zu W. Cowgill] … ohne Erregung und Befremden zu lesen“ (Mh, *LarTheor* 329 Anm. 11 = *AKS* 288 Anm. 11).

[94] Mh, *Nach hundert Jahren* 34 Anm. [102].

[95] Mh, *Fs Neumann 1982*, 177ff. = *AKS* 239ff.

[96] G. Doerfer, *Lautgesetz und Zufall. Betrachtungen zum Omnicomparatismus.* Innsbruck 1973.

[97] Doerfer, a.a.O. 23; dazu Mh, *BNF* N. F. 9 (1974) 302.

[98] Doerfer, a.a.O. 101; dazu Mh, a.a.O. 301 Anm. 3.

[99] So St. Zimmer, *Kratylos* 47 (2002) 61 Anm. 9. – Über die Unverbindlichkeit eines anderen Urteils (**3.5.1.9**) s. J. Schindler, *IC* 25b, 46.

die Laryngaltheorie herangezogen wurde. Das ist der Fall bei der Gleichung gr. ἀνήρ = ved. *nár-* ‚Mann', deren laryngalistische Vorform **h₂nér-* neben arm. *ayr*, neuphryg. αναρ auch ved. *sūnára-*, altav. *kamnānar-* (als indoiran. *°V-H*nar*°) erklärt (u. **3.3.1.2.3**), die aber Wyatt[100] mit folgender Methode auf „klassisches" **nér-* zurückführt: ein Paradigma **nḗr* : **n̥r-ós* habe zu gr. *νήρ: *ἀρός geführt, ausgeglichen zu ἀνήρ : *ἀρός → ἀνδρός. Dieser Versuch ist redlich und konsequent[101], freilich keineswegs befriedigend; s. die überzeugende Kritik von M. Peters, *Gnomon* 48 (1976) 122, R. Schmitt, *IF* 79 (1974) 281f. Vgl. Mh, *Fs Neumann 1982*, 185 Anm. 23, 188f. Anm. 39 = *AKS* 247 Anm. 23, 250f. Anm. 39, Mh*Ll* 134 und Anm. 153.

BAb. Die verschiedenen Formen der Theorie

3.3. Der oben (**3.1.1–2**) beschriebene Forschungsweg, von de Saussure über Cuny zum frühen Kuryłowicz, schien bereits in einen Drei-Laryngalismus zu münden. Er ist in einigen neueren Arbeiten ausgeführt (u. **3.3.1**) und mag darum den Anfang dieses Abschnittes bilden. Doch bleibt die Verpflichtung, auf Ansätze mit weniger oder mehr „Laryngalen" einzugehen (u. **3.4.1–4**).

3.3.1. Der Ansatz von drei „Laryngalen"[102] wird in einer

---

[100] W. F. Wyatt, Jr., *The Greek Prothetic Vowel* (American Philological Association, 1972) 30. – Zu Wyatts Buch s. W. Dressler, *IC* 19b, 323.

[101] Mh, *KZ* 100 (1987) 95 = *AKS* 419; den dort (94f. = 418f.) ebenso beurteilten belanglosen Aussagen von Pokorny und Kronasser würde ich diese Epitheta heute nicht mehr verleihen.

[102] Ich bleibe dabei, daß die Ansätze /h_1/, /h_2/, /h_3/ in einer verantwortlichen Darstellung nur „algebraistisch" notiert werden sollten; ihre Fortwirkungen sichern, daß diese Phoneme zu den Konsonanten und mit hoher Wahrscheinlichkeit zu den Engelauten zählten. Für ihre nähere lautliche Bestimmung sind plausible Vorschläge gemacht worden (z.B. /h_1/ = [h], /h_2/ = [x], /h_3/ = [γ], allenfalls [$γ^{u}$]; s. ausführlicher Mh*Ll* 121 und Anm. 101, 102; 122 und Anm. 103). Vgl. auch die Vorschläge von F. J. Rubio Orecilla, *Minerva* 7 (1993) 11ff. [~ *IC* 35, A 739]; zu beachten M. K. Brame in Brame (ed.), *Contributions to generative phonology* (1972) 22ff. [~ *IC* 20a, 26]; s. R. S. P.

Anzahl von Darstellungen[103] ausführlich gelehrt, sodaß hier nur das Sicherste wiederholt werden kann.

3.3.1.1.1. Idg. */h₁/ vor *-e-* färbt diesen Vokal nicht um, s. *$h_1$és-ti* ‚ist' > lat. *est* usw.; in schwundstufigen Kategorien vor */K/ geratenes */h₁/ setzt sich als *[h̥₁] fort, vgl. *h_1s-énti* ‚sie sind' > myken. <e-e-si> (= /ehensi/), heth. *a- ša-an-zi*[104].

3.3.1.1.2. Idg. */h₁/ nach */-e-/ läßt *-e-* ungefärbt; vor */K/ bewirkt */h₁/ Ersatzdehnung von *-e-*, vor Vokal oder silbischem Sonorant bleibt *-h_1-* und schwindet später mit Hiat: vgl. *reh_1* ‚geben', *reh_1-i̯-és* ‚des Eigentums' *reh_1-í-* ‚Eigentum' > ved. *rā́-si* ‚du gibst', *rā-y-áḥ*, **ra.í-* ⟶ *rayí-*[105]; *h_2u̯éh_1-n̥t-o-* ‚Wind' > iir. **Hu̯áHata-* > ved. *vā́ta-*, av. *vāta-* (aav. noch *va'ata-* gemessen?), lat. *uentus* usw.[106].

3.3.1.1.3. */h₁/ in der Position zwischen [-syll] und [-syll] zeigt meist Fortsetzung durch Vokale (gr. -ε-, iir. *-ĭ-*, lat. *-a-* usw.), in besonderen Fällen auch durch /Ø/. Vgl. idg. **$d^h h_1$-tó-* > ved. *hitá-*, gr. θετός (und ved. *da-dh-máḥ*); idg. **$d^h h_1$s-* > gr. *t^hes(K°)*, **t^heh(ó-)* > θέσ-φατος, θεός, ved. *dhiṣ°* usw.[107].

Beekes, *NewSound* 23ff., A. Bammesberger, ebenda 35ff., P. Swiggers, ebenda 77ff., P. J. Hopper, ebenda 81, A. Christol, *BJL* 3 (1988) 17ff.; wichtig die „Round Table Discussion" zur Phonetik der Laryngale (Referenten M. Job, J. E. Rasmussen, R. S. P. Beekes, J. Gippert), *Gs Pedersen* 419–466. „Das Gespräch mit der Lautwissenschaft über die uridg. Laryngale sollte fortgesetzt werden" (B. Forssman, *Kratylos* 33 [1988] 57 Anm. 4). – Der Name „Laryngal" ist lediglich wissenschaftsgeschichtlich bedingt (Mh*Ll* 122 Anm. 104). Weiteres (mit neuerer Lit.) in MBr*IS* 107, 111f.

[103] Mh*Ll* 121ff., 123ff., 132ff., 141ff., Mh, *LarTheor* 327ff. = *AKS* 286ff., MBr*IS* 106ff.

[104] Mh*Ll* 124f.; s. MBr*IS* 52ff. – Vgl. zu heth. *aš°* Melchert, *AHPh* 66f., Kimball, *HHPh* 390f.

[105] Vgl. mit letzter Lit. MBr*IS* 113. – Diese schlagende Deutung von *reh_1-í-* hatte Pokorny trotz Szemerényis lichtvoller Darlegung nicht verstanden, sondern nur aus „Gefälligkeit" zitiert (o. **3.2** mit Anm. 85–87).

[106] B. Vine, *IIJ* 33 (1990) 267ff.; MBr*IS* 113.

[107] Mh*Ll* 126f.; MBr*IS* 115.– Zu */h₁-/ vor Konsonant im Anlaut s. Mh*Ll* 124f., 126f, MBr*IS* 116 (gr. ἐ-; die Sachlage im Anatolischen ist komplexer, s. S. Kimball, *Gs Cowgill* 160ff. [~ H. Rix, *Kratylos* 35 (1990) 45], Melchert, *AHPh* 66ff., Kimball, *HHPh* 390f.). – Eine Arbeit, die */h₁-₃/- vor Konsonant nicht

3.3.1.1.4. */h_1/ vor */R̥/ (= r̥, l̥, m̥, n̥) ergibt im Griechischen *ε(R) [„Lex Rɪx“; s. auch u. **3.3.1.2.5**, **3.3.1.3.5**[108]]; idg. *h_1r̥sk̑e/o-* > gr. ἔρχομαι ‚gehe‘, ved. *r̥ccháti* ‚erreicht‘.

3.3.1.1.5. */R̥h_1/ wird gr. **Rē* (s. andererseits u. **3.3.1.2.6**, **3.3.1.3.6**)[109]. – Idg. **ǵn̥h_1-tó-* > gr. °γνητος, °γνέτη, ved. *jātá-*, lat. *(g)nātus* usw. (o. **3.1.1**); idg. *°u̯r̥h_1n-V°* > homer. πολύ-ρρην-ες ‚viele Lämmer besitzend‘ (~ **u̯r̥$h_1$en-* > ved. *úran-* ‚Lamm‘)[110]; s. ferner **n̥-h_1s-n̥t-* ‚nicht seiend‘ > ved. *ắsat* („an zwei Stellen …, wo das Versmaß die Kürze begünstigt“)[111].

3.3.1.2.1. Idg. */h_2/ vor *-e-* färbt diesen Vokal in *-a-* um (idg. **$h_2$ent-* ‚Angesicht‘ → **$h_2$ant-*, heth. *ḫant-*, lat. *ante* ‚vor‘); daß in der Eingabe noch **h_2e* anzunehmen ist, zeigt sich in Dehnstufenformen mit **h_2ē*, in denen die Länge der Umfärbung widerstand („Eɪᴄʜɴᴇʀs Gesetz“); vgl. **$h_2$ek̑-* → **$h_2$ak̑-* ‚scharf, spitzig‘ [gr. ἄκρος], aber **h_2ēk̑u̯r̥* ‚Felsgipfel‘ > heth. */hēkur/[112]; **$h_2$ek^u̯eh_2$* ‚Wasser‘ [→ **$h_2$ak°*] > lat. *aqua* ~ **$h_2$ēk^u̯i̯ó-* > an. *œgir* ‚Meer‘[113]; usw.[114].

3.3.1.2.2. /*h_2/ nach *-e-* führt zu */ah_2/, anatolisch als <aḫ> erhalten, in den außeranatolischen Sprachen vorkon-

---

nur im Griechischen (und Phrygischen) dreifach repräsentiert sein läßt (MBʀ*IS* 116f.), referiert *IC* 35, A 750.

[108] H. Rɪx, *MSS* 27 (1970) 79ff. = *KS* 35ff.; dazu Cᴏʟʟɪɴɢᴇ*Laws* 236f., M. Pᴇᴛᴇʀs, *Fs Rix* 373ff., F. O. Lɪɴᴅᴇᴍᴀɴ, *HS* 103 (1990) 17ff., *IF* 99 (1994) 42ff., *Gs Van Windekens* 117f., MBʀ*IS* 123.

[109] Vgl. Angaben und Lit. in Mʜ*Ll* 128 („die Dreiheit der Laryngale durch das kostbare Zeugnis des Griechischen neuerlich nachzuweisen“); R. S. P. Bᴇᴇᴋᴇs, *IF* 93 (1988) 22ff.; MBʀ*IS* 121f.

[110] S. die Lit. in Mʜ*EWAia* I 226; vgl. auch Mʜ*RVPN* 21.

[111] Mʜ*Ll* 124, MBʀ*IS* 52f. – Hierher noch **°l̥h_1°* > gr. **°lē°* in urgr. **u̯lēnā́-* (gr. λῆνος) ‚Wolle‘, M. P[ᴇᴛᴇʀs]., *Sprache* 33 (1987) 114f.; vgl. F. O. Lɪɴᴅᴇᴍᴀɴ, *HS* 103 (1990) 22ff.

[112] H. Eɪᴄʜɴᴇʀ, *MSS* 31 (1973) 71; die Interpretation von heth. *ḫé-kur* ist nicht unumstritten (s. die Lit. in MBʀ*IS* 120).

[113] Mʜ*Ll* 133, mit Lit.

[114] Zur Lex Eɪᴄʜɴᴇʀ s. Mʜ*Ll* 132ff. (mit Lit.), MBʀ*IS* 119ff.; s. ferner J. E. Rᴀsᴍᴜssᴇɴ, *CopenhagenWPL* 1 (1990/91) 87ff., 127ff., = *SelP* 394ff., 442ff., B. A. Oʟsᴇɴ, *CopenhagenWPL* 2 (1992) 13ff.; gegen Eɪᴄʜɴᴇʀs Gesetz R. Bᴇᴇᴋᴇs, *SprwPhil* 41, F. O. Lɪɴᴅᴇᴍᴀɴ, *Linguistica* 33 (1993) 113ff., *Fs KH-Schmidt* 111ff. – S. u. **3.3.1.2.2** zu **ēh_2* und **3.3.1.3.2.1** zu **ēh_3*.

sonantisch zu /ā/ entwickelt; vgl. heth. *paḫ-š-* ‚schützen' ~ lat. *pā-scō*[115]. – Daß die Eingabe */eh_2/ war, zeigt sich an der Erhaltung des *-e-*Vokalismus in dehnstufigen Bildungen gemäß EICHNERS Gesetz (**3.3.1.2.1**); vgl. zu *$seh_2u̯el°$* → *$sah_2u̯el°$* ‚Sonne' (→ **sāu̯el°*, urgriech. **hāu̯el°*, ep.-ion. ἠέλιος) *$sēh_2u̯ol$-ó-* > luw. <še-ḫu-u̯a-a-a[l]>, <ši-u̯a-al> ‚Lampe'[116].

3.3.1.2.3. */h_2/ in der Position zwischen [-syll] und [-syll] zeigt zumeist Fortsetzung durch Vokale (gr. -α-, iir. *-ĭ-*, lat. *-a-* usw.), aber auch durch /Ø/: vgl. die Gleichung für ‚Vater', idg. *$ph_2tér$-*, ved. *pitā́*, gr. πατήρ, lat. *pater* usw. Nom.Sg., aav. *ptā* Nom.Sg., *fədrōi* ~ *piθrē* Dat.Sg., usw.[117]. – */h_2-/ vor [-syll] setzt sich im Griech., Armen. und Phryg. als /a-/ fort; im Iir. führt */h_2C-/, obwohl */h_2-/ im absoluten Anlaut geschwunden ist, in Komposita mit */°h_2-/ nach */°V°/ zu Dehnungen von */V/ : vgl. *$h_2nér$-* ‚Mann' in gr. ἀνήρ, armen. *ayr*, neuphryg. αναρ; ved. *nár-*, av. *nar-*, aber ved. **su-Hnar°*, av. **kam-na-Hnar°* in ved. *sūnára-*, aav. *kamnānar-*, usw.[118].

3.3.1.2.4. An der Stellung von */h_2/ nach Verschlußlaut und vor Vokal „zeigt sich neuerlich die konsonantische Natur"[119] dieser Werte (s.o. **3.1.2**): */h_2/ nach */T/ be-

[115] MBR*IS* 114. – Über den Vorschlag, */ah/ aus */eh_2/ stellungsbedingt auch noch in außeranatolischen Sprachen zu erweisen (Entwicklung von */ah/ > */ak/ vor *-s-*, lat. **senaks* ~ *senex* [u.a., s. J. E. RASMUSSEN, *APILKU* 7 (1988) 173ff. = *SelP* 342ff.]) vgl. die ausführliche Dokumentation und Überprüfung bei SCHRIJVER, *Refl* 148ff.

[116] MH*Ll* 132f., MBR*IS* 120 (mit Lit.). – Zur Frage der wahrscheinlichen Erhaltung von idg. *-o-* vor oder nach */h_2/ s. MH*Ll* 135 mit Anm. 156–157, S. E. KIMBALL, *LarTheor* 241ff. (mit Lit. S. 241 Anm. 2), C. J. RUIJGH, *LarTheor* 448f. (mit Lit.), *RekRelCh* 75ff.

[117] MBR*IS* 115 (mit weiterführender Lit. [unter Einschluß des Versuchs eines laryngallosen Ansatzes]).

[118] MH*Ll* 134, *EWAia* II 19 (mit Lit.), MBR*IS* 117; s.u. **3.3.1.3.3,** Anm. 130. – Zu einem Versuch, mit **ner-* (gegen diese Evidenz) auszukommen, s.o. **3.2.1.**

[119] MBR*IS* 117. – Zur Frage einer Entwicklung von idg. *-th_2V- > *-t^hV- auch im Griech. s. den Hinweis von M. PETERS, *Sprache* 35 (1991–93) 138. – Nur aus O. PETROVA, *Proceedings of the Eleventh Annual UCLA Indo-European Conference* (*JIESMonogrS* 35, 2000) 53 Anm. 10 kenne ich den Titel von P. ELBOURNE, *The Evidence for Voiceless Aspirates in Proto-Indo-European*, M. Phil. Thesis Univ. of Oxford 1997.

wirkte im Iir. in vorvokalischer Stellung die Behauchung dieses */T/. Vgl. das überwältigende Beispiel von idg. **pént-oh₂-s* Nom.Sg. ~ **pn̥t-h₂-és* Gen.Sg. ‚Pfad' > iir. **pántās* ~ **pathás*, fortgesetzt in av. *pantā̊* ~ *paθō*[120].

3.3.1.2.5. */h₂/ vor */R̥/ ergab im Griech. *α(R) [„Lex Rɪx", s.o. **3.3.1.1.4** und Anm. 108]; vgl. **h₂r̥ǵ-ró-* ~ **h₂r̥ǵ-i°* ‚glänzend, blitzend, weiß' > gr. ἀργός, ἀργί-πους, ved. *r̥jrá-*, *r̥jí-śvan-*, heth. /harki-/[121].

3.3.1.2.6. */R̥h₂/ wird gr. **Rā* (~ **3.3.1.1.5** mit Anm. 109). Vgl. **k̑r̥h₂-tó-* ‚gemischt' > gr. ἄ-κρᾱτος ‚ungemischt, rein', ved. *ā́-śīrta-* ‚gemischt'; **tl̥h₂-tó-* > dor. τλᾱτός ‚duldensfähig', lat. *lātus* ‚getragen'[122].

3.3.1.3.1. Idg. */h₃/ vor *-e-* färbte diesen Vokal zu *-o-* um; vgl. **h₃ek^u̯* ‚sehen' mit der primären *-e*-stufigen *-mn̥*-Bildung **h₃ék^u̯-mn̥* ‚Auge' → **h₃ók^u̯mn̥* > gr. ὄμμα[123].

3.3.1.3.2. Idg. */h₃/ nach *-e-* führte zur Umfärbung (**eh₃* → **oh₃*) und anschließend zur Dehnung des Vokals (**ō*); vgl. **deh₃* → **doh₃* ‚geben' > gr. δί-δω-μι, lat. *dōs, dō-t-* usw.[124]. – Die Frage, ob im Anatolischen idg. */h₃/ durch <ḫ> (teilweise) vertreten ist, wird weiterhin diskutiert[125].

---

[120] Vgl. MʜLl 136 und Anm. 159–161, mit Lit.; MBʀIS 117. – Zur Aspiration durch Laryngale allgemein B. A. Oʟsᴇɴ, *FMSpIdg* 267ff.

[121] MʜLl 139f., *RVPN* 22, MBʀIS 123.

[122] MʜLl 139, MBʀIS 122. – Zu der umstrittenen Frage, ob sich */Uh₂/ (bzw. */Uh₃/) analog dazu entwickeln (gr. **U̯ā* bzw. **U̯ō*, toch. [~ arm.] **U̯ā*) s. Diskussion und Lit. bei J. E. Rᴀsᴍᴜssᴇɴ, *CopenhagenWPL* 1 (1990/91) 127ff. (~ M. Pᴇᴛᴇʀs, *LarTheor* 373ff.).

[123] MʜLl 141, mit Lit. (s. auch Anm. 181), MBʀIS 113; s.u. **3.3.1.3.3.**

[124] MʜLl 141, MBʀIS 114.

[125] Vgl. H. C. Mᴇʟᴄʜᴇʀᴛ, *Sprache* 33 (1987[89]) 19ff., *AHPh* 71ff., S. Zᴇɪʟғᴇʟᴅᴇʀ, *HS* 110 (1997) 188ff., Kɪᴍʙᴀʟʟ, *HHPh* 393f., 399f., 403f., 405f., 419f., I. Yᴀᴋᴜʙᴏᴠɪᴛᴄʜ, *Proceedings of the Eleventh Annual UCLA Indo-European Conference* (*JIESMonogrS* 35, 2000) 135ff. – Über */h₃/ in heth. *paš-* ‚schlucken' (und über weitere Möglichkeiten für */h₃/ > heth. <š> unter Sonderbedingungen) s. B. A. Oʟsᴇɴ, *CopenhagenWPL* 2 (1992) 16.

3.3.1.3.2.1. Gemäß EICHNERS Gesetz (o. **3.3.1.2.1–2**) ist in */ēh$_3$/ Erhaltung der Vokalqualität (gegenüber umgefärbtem */eh$_3$/ → /oh$_3$/) zu erwarten. Das liegt offenbar in **ǵnēh$_3$* ,erkennen' (neben **ǵneh$_3$* → **ǵnoh$_3$* → **ǵnō*, gr. ἔ-γνω-ν usw.) vor, vgl. **ǵnēh$_3$-s-* in heth. /ganess-/ ,erkennen, herausfinden'[126].

3.3.1.3.3. Idg. */h$_3$/ in der Position zwischen [-syll] und [-syll] zeigt Fortsetzung durch Vokale (gr. -o-, iir. *-ĭ-*, lat. *-a-* usw.), aber auch durch /Ø/. Vgl. idg. */dh$_3$/, Schwundstufe zu */deh$_3$/ ,geben' (**3.3.1.3.2**) vor [-syll] in gr. δο-τός, ἔ-δο-το, ved. *a-di-ta*, *(devá-)tta-*, lat. *datus*[127]; idg. **sterh$_3$* (vor [-syll]; vgl. **stṛh$_3$*°, u. **3.3.1.3.6**) ,ausbreiten' > gr. *στερο° → στορέσαι[128]. – Anlautendes idg. */h$_3$/ vor [-syll] wird durch den griech. „prothetischen Vokal" /o-/, im Armen. durch /a-/, in den anderen Vergleichssprachen durch /Ø/ fortgesetzt; vgl. **h$_3$nei̯d* ,schmähen' in gr. ὄνειδος n. ,Schmähung, Tadel', arm. *anêc* ,verfluchte', ved. *nidānā́-* ,getadelt'[129]; **h$_3$reu̯H* ,brüllen' in gr. ὠρύομαι ,heule, brülle', ved. *ravátha-* m. ,Getöse', *tuvī-rava-* ,laut brüllend'[130]; **h$_3$b^{h}el-* in gr. ὄφελος n. ,Nutzen, Förderung', armen. *y-awel-ow-* ,hinzufügen'[131];

---

[126] S. MHLl 141f., mit Lit.; J. JASANOFF, *LarTheor* 227ff., MH, *AfO* 44/45 (1997/98) 455a f. – Die Frage, ob eine dehnstufige Form des Wortes für ,Name', **h$_1$nḗh$_3$mn̥*, durch ural. **nēmə* ,Name' erwiesen werde, wird bei H. KATZ, *Studien zu den älteren indoiranischen Lehnwörtern in den uralischen Sprachen* (Heidelberg 2003 [s.u. Anm. 162]) 153f. wieder aufgeworfen (dazu kritisch K. STÜBER, *Sprache* 39 [1997 (= 2001)] 78 Anm. 7).

[127] MHLl 142.

[128] MHLl 142, *EWAia* II 756f., WRB*VIA I* 327.

[129] Zuletzt K. STÜBER, *Die primären s-Stämme des Indogermanischen* (Wiesbaden 2002) 107, mit Lit.

[130] Dies ein Beispiel für *°V-*h$_3$*C- > *°V̄C- (~ *°V-*h$_2$*C- > *°V̄C-, o. **3.3.1.2.3**). – Daß auch *purūrávas-* m. N. pr. als *°*ru*-H*ráv°* zu **h$_3$reu̯H* gehöre, ist nicht gesichert (MH*RVPN* 58f.).

[131] MHLl 142, mit Lit., J. CLACKSON, *The Linguistic Relationship between Armenian and Greek* (Oxford–Cambridge [Mass.] 1994) 156ff.; negiertes **n̥-h$_3$b^{h}elḗs* ,ohne Nutzen' führte im Gr. zu **nōp^{h}elḗs* (mit **R̥h$_3$* > gr. Rō, u. **3.3.1.3.6**), das in myken. *no-pe-re-a$_2$* noch erhalten ist und im späteren Griechisch als ἀνωφελής recharakterisiert wurde (MH, a.a.O., MBR*IS* 122, STÜBER, a.a.O. 50).

*$h_3k^{u̯}ih_1$ ‚die beiden Augen' (~ *$h_3ek^{u̯}$, o. **3.3.1.3.1**) > gr. ὄσσε, armen. *ac^ck^c*[132].

3.3.1.3.4. In einem schon grundsprachlichen Prozeß scheint */T/ + */h_3/ ein */T/ [+ stimmhaft] (*/D/) ergeben zu haben. Das Präsens des Typus **(s)tí-sth$_2$-e-* (: **steh$_2$*) > ved. *tí-ṣṭh-a-* (o. **3.3.1.2.4**) zu **peh$_3$* ‚trinken' wäre als **pí-ph$_3$-e-* anzusetzen; schon grundsprachliches **pí-b-e-* (ved. *píbati* ‚trinkt', altir. *ebaid* ‚sie trinken' [**pibonti*] u.a.) erklärt sich aus dieser Vorform durch das Lautgesetz *-*ph$_3$*- > *-*b*-[133].

3.3.1.3.5. In der Folge */h_3/ + */R̥/ wirkte die „Lex Rix" (o. **3.3.1.1.4**, **3.3.1.2.5**); sie ergab also gr. **o*R. Wahrscheinliche Beispiele sind **h$_3$r̥ǵ^{h}i-* ‚Hode' in gr. ὄρχις, jav. Nom.Du. *ərəzi*[134]; idg. **h$_3$n̥b^{h}el-* ‚Nabel' in gr. ὀμφαλός, lat. *umbilīcus*[135].

3.3.1.3.6. Zufällig stehen für den verwandten Vorgang */R̥h_3/ > gr. *R*ō* (~ **3.3.1.1.5**, **3.3.1.2.6**) mehr Demonstrations-Beispiele zur Verfügung als für **3.3.1.3.5**. So idg. **str̥h$_3$-tó-*/*-nó-* ‚hingebreitet' > gr. στρωτός, lat. *strātus*, ved. *stīrṇá-* (~ **sterh$_3$*, **3.3.1.3.3**); idg. **pr̥h$_3$-tó-* ‚zugeteilt' > gr. πρωτός, vgl. Imperativ Aorist **pr̥h$_3$-d^{h}í* > ved. *pūrdhí*[136]; idg. **ǵ^{h}l̥h$_3$-ró-* (~ Caland-Variante **ǵ^{h}l̥h$_3$-i°* > ved. *híri°*) > gr. χλωρός ‚gelb, grün'[137]; idg. **n̥-h$_3$°* ergab gr. **nō°* in **nōp^{h}elḗs* (myken. *no-pe-re°*), s.o. **3.3.1.3.3** Anm. 131.

3.4. Die sichersten Ergebnisse aus dem Ansatz dreier */H/-Phoneme sind im Obigen aufgezeigt worden. Es ist

---

132 MH*Ll* 127 Anm. 118, 142, Ch. de Lamberterie, *Les adjectifs grecs en -υς* (Louvain-la-Neuve 1990) 269 und Anm. 8, Clackson, a.a.O. 46, jeweils mit Lit.

133 MH*Ll* 143; dazu wichtig B. Forssman, *Kratylos* 33 (1988) 59 (zu **pe-ph$_3$-* > **pe-b-* im Perfekt). Nach J. Colarusso, *Gs Kerns* 525 ist *-*p-h$_3$*- > *-*b*- eine Stützung der Glottaltheorie (u. **4.3.1.1.2**). – Über weitere Beispiele für *-T*h$_3$*- > *-D- wird noch diskutiert: s. MH*Ll* 143f. (mit Lit.), Forssman, a.a.O., MBr*IS* 118.

134 MH*Ll* 145 und Anm. 192.

135 Dazu findet sich auch die Frage aufgeworfen, ob das Lateinische etwas der Lex Rix Vergleichbares kennt; s. Schrijver, *Refl* 61f., MBr*IS* 123.

136 MH*Ll* 144 und Anm. 189; *EWAia* II 90f., mit Lit.

137 S. MH*EWAia* II 806, mit Lit.

entbehrlich, diese Resultate zusammenzufassen, da dies in MH*Ll* 145f. bereits geschehen ist[138]. Lediglich ein Satz soll hier wiederholt werden, der sich in MH*Ll* 146 an diese Schilderung anschließt: „Jeder Wohlmeinende wird die Verwandtheit dieser Wirkungen erkennen“[139]. Dieser Satz war vor allem als Antwort auf jene Listen gemeint, in denen alle Wirkungen aufgeführt sind, die jemals den „Laryngalen“ (schwerlich aber alle von einem einzigen Linguisten gleichzeitig!) zugeschrieben wurden: so etwa HIERSCHE*Asp* 11, N. BORETZKY, *IF* 80 (1975[76]) 58, A. R. BOMHARD, *Gs Kerns* 366ff.[140], W. MAŃCZAK, *Gs Safarewicz* 242.

3.4.1. Neben dem System mit den drei „Laryngalen“ sind im Verlauf der Laryngallehre Systeme mit geringeren und solche mit höheren Zahlen von /H/-Werten vorgebracht worden.

3.4.1.1. Eine Ein-Laryngal-Lehre ist aus dem Bedürfnis verständlich, die Zahl von Ansätzen möglichst klein zu halten. Besonders versteht sie sich in der Praxis solcher Indogermanisten, die aus einer antilaryngalistischen Erziehung gekommen waren und mit Sprachen arbeiteten, in denen sich vieles aus einem einzigen „ə̯“ erklären ließ, wie z.B. den indoiranischen[141]. Eine der Kuriosität nicht entbehrende Arbeit zweier bedeutender Indogermanisten trägt sogar ein nochindogermanisches Ein-Laryngal-System vor, das aus einem bereits-indogermanischen plurilaryngalistischen System im Verlauf der Entwicklung der Grundsprache entstanden sein soll[142].

---

[138] Vgl. ferner MH, *LarTheor* 329ff. = *AKS* 288ff.; MBR*IS* 112ff.

[139] S. auch *LarTheor* 328 = *AKS* 287.

[140] Dazu F. B. J. KUIPER, *IIJ* 9 (1965–66) 224; MH, *Fs Neumann 1982*, 183 Anm. 19 = *AKS* 245 Anm. 19; MH*Ll* 146 und Anm. 197.

[141] Zum „Abschied von den Lehrern“ s. MH, *Nach hundert Jahren* 33; eindrucksvoll zum „Problem der Lehrer-Schüler-Bindung“ auch W. MEID, *LarTheor* 337f.

[142] S. das Referat bei MH, *Nach hundert Jahren* 34 Anm. [102] Nr. 3. – Eine eigenartige Stellung nimmt F. O. LINDEMAN ein, der eine dreifache Fortsetzung der vokalisierten Laryngale im Griechischen ablehnt (vgl. dazu, höchst kritisch, J. SCHINDLER, *IC* 29a,60 [*Sprache* 29 (1983) 73]), jedoch eindeutig

Ernster ist die monolaryngalistische Haltung eines hervorragenden, überaus vielseitigen Forschers zu nehmen, der gleichzeitig ein exzellenter Kenner der Geschichte der Laryngaltheorie war: OSWALD SZEMERÉNYI. Sein Phonemsystem ist dem oben (**3.3.1**ff.) gelehrten „gar nicht zu unähnlich"[143]; es hat dennoch ganz andere Wurzeln. Während die hier empfohlene Form der Theorie bewußt auf Vorgängern wie DE SAUSSURE, CUNY, KURYŁOWICZ aufbaut, vereinigt SZEMERÉNYI die Werte der klassischen Indogermanistik mit der universalistisch-typologischen Notwendigkeit eines */h/ (in einer Sprache, die aspirierte Okklusive hat) und der Möglichkeit, dieses */h/ in anatolischen <ḫ>-Bezeugungen fortgesetzt zu finden[144]. Diese auf den ersten Blick bestrickende Auffassung hat jedoch gravierende methodische Schwächen und Widersprüchlichkeiten, die HEINER EICHNER scharfsinnig aufgedeckt hat[145].

3.4.1.2. Die Vorstufen der „Laryngale", DE SAUSSURES „coefficients sonantiques" (o. **3.1.1**), sind im *„Mémoire"* nur in einer Zweizahl *(A,O̯)* vorhanden[146], der freilich AUGUST FICK und HERMANN MÖLLER alsbald *E* hinzufügten (o. **3.1.1**, Anm. 68). Es scheint so, als habe diese Zweiheit der „coefficients" bei SAUSSURE nicht ursächlich mit HOLGER PEDERSENS Hinneigung zu einem System mit zwei Laryngalen zu tun; die Äuße-

---

Trilaryngalist ist (MH*Ll* 131 Anm. [137]) und nur irrtümlich für einen Monolaryngalisten gehalten wurde (vgl. MH, *Kratylos* 36 [1991] 92; *AfO* 40/41 [1993/94] 67 Anm. 7). Zur Verteidigung der Ansicht LINDEMANS sind seine Darlegungen in *IF* 91 (1986) 79–82 und *HS* 105 (1992) 161–170 (bes. 170 Anm. 25) beachtenswert.

143 MH, *Nach hundert Jahren* 34 Anm. [102] Nr. 4 (mit Lit.-Nachweisen).

144 SZEMERÉNYI*Einf* 147 (mit reicher Lit.).

145 *LarTheor* 126ff. – Man kann das Kapitel „Monolaryngalismus" vorerst mit Worten R. S. P. BEEKES' abschließen: „monolaryngalism can hardly be defended any longer" (*Amsterdamer Beiträge zur älteren Germanistik* 33 [1991] 244).

146 Warum dem SAUSSURE des *„Mémoire"* die „naheliegende Konstruktion eines ‚*E*' (= h_1) nicht gelang, läßt sich aus seiner Konzeption verstehen" (MH, *Nach hundert Jahren* 23 Anm. 68, mit Lit.).

rungen PEDERSENS zur Laryngalproblematik sind sehr schwer zu ordnen – darum sind sie auch der vielleicht einzige Bereich, in dem SZEMERÉNYIS meisterliche Schilderung der Anfänge der Theorie[147] Lücken zeigt. GMÜR 151ff. hat mit seiner Darstellung von PEDERSENS Anteil an der Laryngaltheorie „eine besonders beachtliche Leistung“[148] erbracht.

3.4.1.3. Die Drei-Laryngal-Lehre ist oben **3.3.1–3.4** empfohlen worden, weil sie die Tatsachen am besten erklärt[149]. Die Annahme eines vierten Laryngals scheint entbehrlich und wenig begründet[150]. – Unter den Vertretern eines Plurilaryngalismus steht in neuerer Zeit ein bedeutender Indogermanist im Vordergrund, dessen Standardwerk von sechs Laryngalen ausgeht[151]. Von diesen sechs seien drei stimmhaft, drei stimmlos; drei seien „lost in Hittite“, drei setzten sich in heth. *h-*, *-h(h)-* fort. Die Kombination dieser Eigenschaften ergibt sechs Ansätze[152]. Eine Untersuchung der Beispiele des Bandes mit /h/-Anlaut[153] dürfte ergeben, daß diese Fälle mit /h-/ „mit der … Drei-Laryngal-Lehre in Konsens zu bringen“ seien, „unter zwei Voraussetzungen: daß einige der nicht unmittelbar einleuchtenden Etymologien verworfen werden dürfen,

---

[147] O. SZEMERÉNYI, *BSL* 68 (1973) 1ff. = *ScrMin* I 191ff.

[148] MH, *Kratylos* 13 (1988) 9 = *AKS* 279; vgl. auch oben Anm. 75. – Über andere „2-Laryngalisten“ s. SZEMERÉNYI*Einf* 131, 133.

[149] Vgl. D. A. RINGE, *Diachronica* 3 (1986) 110 („… three laryngeals must be reconstructed … because the facts demand it“); dazu die mir wichtige Stellungnahme in *KZ* 100 (1987) 87 Anm. [1] = *AKS* 411 Anm. [1].

[150] Bei KURYŁOWICZ „*ə̥4*“, s. GMÜR 165, 175; zu vier Laryngalen in der „amerikanische[n] Schule“ s. SZEMERÉNYI*Einf* 131. In der prinzipiellen Ablehnung eines „*ə̥4*“ treffe ich mich mit W. MEID, *LarTheor* 349 Anm. 17; s. bereits *Nach hundert Jahren* 25 Anm. 72 („Sündenfall“). Zu ernst genommen ist der „vierte Laryngal“ noch bei H. EICHNER, Sprache 24 (1978) 151 Anm. 28.

[151] J. PUHVEL, *Hittite Etymological Dictionary*, bisher Bd. I/II (Berlin–New York–Amsterdam 1984) bis V (Berlin–New York 2001).

[152] S. PUHVEL, a.a.O. I/II, S. X.

[153] PUHVEL, a.a.O. III (Berlin–New York 1991); dazu MH, *AfO* 40/41 (1993/94) 67ff.

und daß man EICHNERS Gesetz [s.o. **3.3.1.2.1–2**, **3.3.1.3.2.1**] … anerkennt“[154] – was PUHVEL nicht tut.

3.4.1.4. Die Zahl der Laryngale ist bis zur Zweistelligkeit gelangt; zehn idg. Laryngale hat nicht irgendein Phantast, sondern ein berühmter, mit vielen Sprachsystemen der Welt vertrauter Linguist vorgeschlagen[155].

3.5. Die Darstellung der Geschichte der Laryngaltheorie[156] sowie das Bekenntnis zu der glaubhaftesten Fassung dieser Theorie[157] haben bereits die Grenzen der Überschaubarkeit erreicht. So empfiehlt es sich, eine Übersicht über die zusammenfassende Literatur (**3.5.1**), kurze Hinweise auf außer-indogermanische Aussagen zur Laryngaltheorie (**3.5.2**) sowie einige Vorschläge zu Einzel-Erklärungen aus neuerer Zeit (**3.5.3**) als Anhang vorzuführen.

3.5.1. Die Literatur zur Laryngaltheorie ist uferlos. Eine besonders reiche Bibliographie der Veröffentlichungen bis in die mittleren 1960er Jahre bietet POLOMÉ (**3.5.1.4**) S. 45–78.

Hier die wichtigsten Zusammenfassungen:

3.5.1.1. L. ZGUSTA, La théorie laryngale. *ArchOr* 19 (1951) 428–472; darin eine Bibliographie S. 429–437.

3.5.1.2. W. P. LEHMANN, *Proto-Indo-European Phonology*. Austin 1955 [= LEHMANN, *Phon*].

3.5.1.3. F. R. ADRADOS, *Estudios sobre las laringales indoeuropeas*. Madrid 1961.
Vgl. das überaus kritische Referat von G. CARDONA, *Language* 39 (1963) 91ff. – Zu einer „2ª edición, revisada y aumentada“ mit dem

---

[154] MH, a.a.O. 67(f.) und Anm. 9.

[155] A. MARTINET, *Proceedings of the Eigth International Congress of Linguists* (Oslo 1958) 36ff.; zu weiteren Titeln MARTINETS s. SZEMERÉNYI*Einf* 132. – H. EICHNER, *LarTheor* 124f., der die Ablehnung der „verschiedenen Spielarten des Polylaryngalismus“ richtig beschreibt und beurteilt, zählt also nicht weit genug, wenn er von „hexa- oder ennea-laryngalistischen … Konzeptionen“ spricht.

[156] S.o. **3.1.1–2.**

[157] S.o. **3.3–3.4.**

Titel „*Estudios sobre las sonantes y laringales indoeuropeas*" (Madrid 1973) s. J. SCHINDLER, *IC* 20b, 30.

3.5.1.4. E. POLOMÉ, The Laryngeal Theory so Far [.] A Critical Bibliographical Survey. *EfLar* 9–78 (~ **3.5.1**).
Dazu E. C. POLOMÉ, Recent developments in the laryngeal theory, *JIES* 15 (1987) 159–167.

3.5.1.5. B. SCHWARTZ, Laryngeals: A Brief Sketch of the Current Status of the Theory. *Fs Kerns* (1970) 95–102.

3.5.1.6. F. O. LINDEMAN, *Einführung in die Laryngaltheorie* (Sammlung Göschen 1247/1247a). Berlin 1970.
Ersetzt durch **3.5.1.12**, **3.5.1.17**. – S. die Rezensionen von R. S. P. BEEKES, *Kratylos* 15 (1970) 40ff., E. HOVDHAUGEN, *NTS* 25 (1971) 116ff.

3.5.1.7. A. R. KEILER, *A Phonological Study of the Indo-European Laryngeals*. Den Haag–Paris 1970.
Vgl. die Anzeige von R. SCHMITT, *IC* 18a, 29 („alter Wein in neuen Schläuchen"); s. die negative Rezension von F. O. LINDEMAN, *IF* 78 (1973) 237ff., ferner F. BADER, *BSL* 67/2 (1972) 67ff.

3.5.1.8. S. S. MISRA, *The Laryngeal Theory. A Critical Evaluation*. Varanasi–Delhi 1977.
56-Seiten-Schriftchen; lückenhafte Lit.-Kenntnis. Bei JONSSON (**3.5.1.9**) S. 52f. ernstgenommen.

3.5.1.9. H. JONSSON, *The Laryngeal Theory. A Critical Survey*. Lund 1978.
Brauchbar der einleitende Überblick zur Forschungsgeschichte. Im Weiteren, trotz seriösen Aussehens, letztlich ein Machwerk (s. die Schilderung von J. SCHINDLER, *IC* 25b, 46).

3.5.1.10. A. BAMMESBERGER, *Studien zur Laryngaltheorie* (Ergänzungshefte zu *KZ* 33). Göttingen 1984.
S. die Rezensionen von LINDEMAN, BEEKES u.a. (*IC* 32b, 150; MBR*IS* XXVIII).

3.5.1.11. MH*Ll* (1986), S. 121–150 („Laryngale").

3.5.1.12. F. O. LINDEMAN, *Introduction to the ‚Laryngeal Theory'*. Oslo 1987.
Ersetzt **3.5.1.6**; wird ersetzt durch **3.5.1.17**. – Rezensionen von H. RIX, *IF* 96 (1991) 269ff.; MH, *Kratylos* 36 (1991) 92ff.; B. A. OLSEN, *BiOr* 47 (1990) 52ff.; W. P. LEHMANN, *GL* 30 (1990) 132ff. – Vgl. „Select Bibliography" S. 121–129.

3.5.1.13. R. Šmitt (= Schmitt), Pragmatika i sistematika v laringal'noj teorii. *VJa* 1988, 1, 23–31.

3.5.1.14. A. Bammesberger (ed.), *Die Laryngaltheorie und die Rekonstruktion des indogermanischen Laut- und Formensystems*. Heidelberg 1988.
Dazu ein kundiges „Register" (von S. Ziegler, 1990 [~ **3.5.2** Anm. 161]). – Wichtige Rezensionen u.a. von F. O. Lindeman, *HS* 102 (1989) 268ff., M. Peters, *Sprache* 33 (1987[–1988]) 275ff. (= *IC* 33, G 231), C. de Lamberterie, *BSL* 88/2 (1993) 165ff. [s. auch *IC* 35, A 753; *BL* 1992, Nr. 7448].

3.5.1.15. SzemerényiEinf (1989)[158]. Vgl. S. 127–137 („Die Laryngaltheorie"), 146–148.

3.5.1.16. J. Kellens (ed.), *La reconstruction des laryngales*. (Bibliothèque de la Faculté de Philosophie et Lettres de l'Université de Liège, 253). Paris 1990.
Vgl. *IC* 34, A 423; F. O. Lindeman, *Kratylos* 37 (1992) 58ff.; G.-J. Pinault, *BSL* 86/2 (1991[92]) 116ff.

3.5.1.17. F. O. Lindeman, *Introduction to the ‚Laryngeal Theory'* (*IBS* Nr. 91). Innsbruck 1997.
Rez. dieser durchgesehenen und vermehrten Ausgabe von **3.5.1.12**: B. Forssman, *Kratylos* 45 (2000) 68ff. – „Select Bibliography" S. 197–212.

3.5.1.18. MBr*IS* (2002), S. 106–125 („Die Laryngale").

3.5.2. Aussagen außer-indogermanischer Sprachfamilien zur „Laryngal-Theorie" sind am Beginn dieser Theorie gestanden – so die indogermanisch-semitische Sprachvergleichung[159]; den Leugnern des Laryngalismus hat

[158] Hier ausgewertet ist ^{3}1989; es gibt eine 4., durchgesehene Auflage 1990. Daß ich ^{3}1989 zitiere, könnte ich vielleicht so rechtfertigen wie mein „Vorgänger" Bechtel seine Benützung von A. F. Potts *EF*[1] (Be*Hp* X). – Vgl. MBr*IS* LXXXVIIIf., mit einigen der vielen Rezensionen der einzelnen Auflagen (und auch über die italien. und die engl. Version); zur Beurteilung dieser *Einführung* MBr*IS* X („... Literaturhinweise eine Fundgrube, die Skepsis den Laryngalen gegenüber ... störend" [dazu o. **3.4.1.1**]) und E. Tichy, *Indogermanistisches Grundwissen* (Bremen 2000) 30.

[159] Vgl. die bei Lindeman, *Introd* (**3.5.1.17**) S. 31f. genannten Titel von Møller (Möller), Cuny, Oštir u.a. zur idg./(hamito-)semit. Sprachverwandtschaft. – Eine erst 1981 erschienene Arbeit über „vereinigte semit.-indoeur. Laryngaltheorie" referiert *IC* 28b, 59.

dies eine gern ergriffene Waffe geboten[160]. Heute ist die Laryngaltheorie der Verstrickung mit dem Omnikomparatismus bei fast allen seriösen Autoren entrissen, wenngleich es noch laryngalistische Arbeiten gibt, die sich z.B. an „Nostratisches" anschließen[161]. – Auf einem anderen Blatt steht die Suche nach Reflexen indogermanischer Laryngale in den wohlbekannten alten indogermanischen Lehnwörtern des Uralischen; hiezu ist vor allem das Buch von Jorma Koivulehto, *Uralische Evidenz für die Laryngaltheorie*[162], als grundlegend zu nennen[163].

3.5.3. Auch „Sonderfälle" (z.B. Laryngale in besonderen, seltenen Positionen) sollten besser hier – im Anhang – stehen; vgl. bereits MBr*IS* 119.

---

[160] Vgl. o. **3.2** und Anm. 91.

[161] So V. Shevoroshkin, *LarTheor* 530ff. (mit Lit.); ich kann mich nur M. Peters' Lob für S. Zieglers *LarTheor*-Register (**3.5.1.14**) anschließen, wonach „die zahlreichen in Klammern gesetzten Verweise ‚nostrat.'" dankenswert seien, „da auf diese Weise vielen Benützern ein für sie nicht zielführendes Nachschlagen erspart" werde (*IC* 34, A 588). – Gegen die Verwirrungen des Omnikomparatismus vgl. das kluge Büchlein von G. Doerfer (o. **3.2** Anm. 96); weitere Lit. zu „Nostratisch" („weder zu verifizieren noch zu falsifizieren", MBr*IS* 41f. [E 437]) und zu den Thesen Th. Vennemanns s. MBr*IS* 41f.

[162] Wien 1991 (*SbAkWien* 566); vgl. die Bibliographie S. 117–128. Eine wichtige Rezension bietet O. Szemerényi, *Eurasian studies yearbook* 66 (1994) 194ff. – Vgl. dazu R.-P. Ritter, ‚Uralische Evidenz für die Laryngaltheorie?', in: *Philologica Finno-Ugrica* 1 (1994) 3ff., u.a. (vgl. MBr*IS* 41 [E 436]). S. ferner die einzelnen ‚Indouralica' von B. Čop (s. die Liste in *Orbis* 19 [1970] 283f.); J. Bańczerowski, *LPosn* 15 (1972) 81ff., V.-R. Viitso, ‚Proto-Indo-European laryngeals in Uralic', *LU* 28,3 (1992) 161ff.; J. Koivulehto, *Uralo-Indogermanica* II 3ff. – Über weitere Rezensionen von Koivulehto 1991 s. *IC* 35, A 754; *BL* 1993, 7220. – Seit 2003 liegt die schon als ungedruckte Habilitationsschrift oft zitierte Arbeit von Hartmut Katz, *Studien zu den älteren indoiranischen Lehnwörtern in den uralischen Sprachen* (1985) als Buch vor (aus dem Nachlaß herausgegeben von P. Widmer, A. Widmer und G. Klumpp, Heidelberg 2003); darin eine hohe Zahl großteils frühurarischer Ausgangsformen mit Laryngalen (s. „Die Laryngale" S. 42ff., „Register der rekonstruierten Entlehnungen" S. 331ff.) [~ o. Anm. 126].

[163] Vgl. ferner A. R. Bomhard, *Gs Kerns* 351ff. (zu Idg. und Afroasiat.; zum phonologischen System des Idg.); G. A. Klimov, *VJa* 1989/6, 23ff. und *IF* 99 (1994) 62ff. (zu kartvelischer Evidenz).

3.5.3.1. Solche Sonderfälle betreffen u.a. Laryngal-Reduktion an bestimmten Stellen: s. z.B. MH*Ll* 140 (§ 5.2.2.9); G. PINAULT, *Indo-European Studies* 4 (1981) 99ff.; M. P[ETERS], *Sprache* 34 (1988–90) 353W Anm. 9 (~ *IC* 34, A 720; zu */-h_1-/ > -Ø- in */-CTh_1s-/); B. VINE, *IF* 96 (1991) 9ff. (~ Laryngalschwund in Kompp.); H. M. HOENIGSWALD, *CHL/IEFU* (1993) 119ff. (zu */sH°/); R. SCHMITT-BRANDT, *CHL/IEFU* (1993) 187ff. (zu */h_3/ = */h_2^{u}/); J. GIPPERT, *Fs Beekes* (1997) 63ff. (~ Laryngale und ved. Metrik; dazu M. WEISS, *Kratylos* 45 [2000] 61, TH. OBERLIES, *ebenda* 93 Anm. 9); I. BALLES, *Sprache* 39 (1997 [2000]) 4 Anm. [7], 10 (mit Lit.), 160.

Vgl. etwa den eindrucksvollen Fall RV 1, 62, 5 *ví var* = „– X", also **ví Hvar* (GIPPERT, a.a.O. 76, BALLES, a.a.O. 10).

3.5.3.1.1. Ein Teil des laryngalistischen Lehrgebäudes sind Fälle der „Lex Stang" (wie *-*eh_2m* → *-*ah_2m* → *-*amm* → *-*ām*); s. Angaben und Lit. bei MBr*IS* 97f. – Diskussionswürdig bleiben die Einwände, die F. O. LINDEMAN, *IF* 94 (1985) 5f. (*Introd* 91f.) dazu erhoben hat. Vgl. ferner J. HILMARSSON, *Sprache* 33 (1987) 65 Anm. 15.

3.5.3.1.2. Über eine Randerscheinung der Laryngallehre, die Frage von „Laryngal-Umlaut" (MH*Ll* 150), handelt R. S. P. BEEKES auch in *KZ* 96 (1982) 202ff. – Zu „Laryngal-Metathese" vgl. L. A. CONNOLLY, *NewSound* 43ff.

3.5.3.2. Der Vollständigkeit halber sei auf das Büchlein von F. R. ADRADOS, *Laryngale mit Appendix?* (*IBS-VKlS* 60), Innsbruck 1994, hingewiesen. Vgl. die Rezension von H. C. MELCHERT, *Kratylos* 42 (1997) 170f. (dazu eine Aussendung [drei Seiten] von F. R. ADRADOS, „An Answer to an Unfair Review"; enthält eine Auswahlbibliographie mit ADRADOS' Publikationen zur Laryngaltheorie).

BB. Weitere Engelaute

3.6. Zu den frühesten Erkenntnissen der Indogermanistik gehört der Ansatz eines Phonems mit der Qualität eines stimmlosen alveolaren Reibelautes, */s/[164]; ungleich vielen anderen Sprachen, hat das Idg. kein stimmhaftes Gegenstück, †/z/, als Phonem. Wahrscheinlich ist aber */s/ vor [+ stimmhaft, + Konsonant] in der Rede als Allophon *[z] realisiert worden. In Rekonstrukten empfiehlt sich eine phonologische Notation wie */misd^{h}ó-/ an Stelle einer Schreibung der plausiblen phonetischen Realisation *[mizd^{h}ó-] ‚Lohn, Preis' (> ved. *mīḍhá-* [**mizḍ^{h}á-*], gr. μισθός u.a.)[165].

3.6.1. Der Ansatz eines dental-alveolaren Reibelautes **þ* findet sich in vielen Darstellungen; die Annahme eines gesonderten Phonems */þ/ war seit Anbeginn zweifelhaft, weil dieses auf die Stellung nach */K/ beschränkt wäre[166]. Besonnene Werke haben **þ* darum auch als „Notbehelf" bezeichnet[167], um für Gleichungen wie ved. *kṣi* ~ gr. φθι, die seit der ersten Hälfte des 19. Jahrhunderts sicher waren[168], eine Identifikationsformel zu finden.

3.6.1.1. Die zu erwartende Erklärung der „Thorn"-Fälle als Allophone unbestreitbarer Phoneme hat Jochem Schindler 1977 in einem Aufsatz erbracht, dessen

---

[164] Zu Gleichungen und zur einzelsprachlichen Entwicklung s. Mh*Ll* 118ff., Szemerényi*Einf* 52ff., MBr*IS* 102ff. – Idg.**s* unbestritten schon bei Schleicher*Comp* 165; für Be*Hp* ist **s* kein Problem. – Zum Lautwert s. H. Katz, *KBS* 13–14 (1987–88) 289 („Uridg. **s* war phonetisch nicht [*s*], sondern koronales [*ś*] …"); über Vorstufen von */s/ beim „Versuch eines Eindringens in die tiefste Dunkelheit der Vorgeschichte" des Idg. handelt Rasmussen*SelP* 628ff. (~ 633; Erstpublikation).

[165] Mh*Ll* 119, *EWAia* II 358, MBr*IS* 72, 102, A. Hintze, *‚Lohn' im Indoiranischen. Eine semantische Studie des Rigveda und Avesta* (Wiesbaden 2000) 65ff.

[166] S. die Lit. bei Mh*Ll* 150 Anm. 211.

[167] Brugmann, *Grundriß* I 790.

[168] Vgl. die Nachweise bei Mh, *AÖAW* 119 (1982[83]) 240 Anm. 1 = *AKS* 255 Anm. 1.

Titel unübersetzbar ist: „A thorny problem“[169]. Danach wurde */TK/, das im Anatolischen und Tocharischen erhalten ist, zu */KT/ umgestellt und in tautosyllabischer Stellung als eine Gruppe mit spirantischem Allophon, *[Kþ], realisiert: Vgl. */TK/ (= */tk̑/) in heth. *hartak(k)a-* ‚Bär‘[170] > */KT/ → *[Kþ] in ved. *ŕ̥kṣa-* = gr. ἄρκτος usw., idg. **h₂r̥tk̑o-*[171], oder */TK/ (= */d^{h}ǵ^h/) in heth. *dēgan* (<te-e-kán>), toch. A *tkaṃ* ‚Erde‘ > */KT/ → *[Kþ] = *[ǵ^{h}δ^h] in ved. *kṣám-* = gr. χθών usw., idg. **d^{h}ǵ^{h}ṓm*, **d^{h}ǵ^{h}m-és*[172]. Die Allophone zu */t/, */d(^{h})/ (u. **3.8.2**, **3.8.2.2.1**), *[þ] ~ *[δ^h], sind in Untersuchungen und Handbüchern der jüngeren Vergangenheit hinreichend behandelt worden[173].

BC. Nasale und Liquiden

3.7. Die Existenz zweier Nasal-Phoneme – idg. */m/ und */n/ – ist seit alters anerkannt[174]. – Die vergleichbare Gruppe unsilbischer Liquiden – */r/, */l/ – war hingegen in der Frühzeit der Indogermanistik mit Problemen verbunden, v.a. wegen */r/ indoiranischer Sprachen in Gleichungen mit */l/ in westlicheren Sprachen: da /r/ im „Lautstand der frühesten arischen Denkmäler“ (BE*Hp* 381) vorherrschte, hat SCHLEICHER „der Ursprache *l* aberkannt“ (BE*Hp* 380). Erst nach einer gründlichen Diskussion des Für und Wider konnte BECHTEL[175] in der Überschrift eines eigenen Kapitels

---

[169] *Sprache* 23 (1977) 25–35; SCHINDLER hat eine Beobachtung WILHELM BRANDENSTEINS (*Glotta* 25 [1936] 27: gr. τίκτω aus *τι-τκ-ω ~ τέκος) ausgebaut.

[170] PUHVEL*HED* III (1991) 201f.; MELCHERT, *AHPh* 64.

[171] MH*EWAia* I 247f., 809; MELCHERT, a.a.O.

[172] MH*EWAia* I 425, MBR*IS* 219.

[173] Vgl. – jeweils mit weiterführender Lit. – MH*Ll* 150–158; B. FORSSMAN, *Kratylos* 33 (1988) 59 und Anm. 16, 17; K. STRUNK, *HS* 101 (1988) 307f.; SZEMERÉNYI*Einf* 53ff.; M. POETTO, *MSS* 53 (1992[94]) 168 Anm 39; MBR*IS* 72, 105, 144f. – Eine Analyse des Vokabulars von „þ“-Fällen bietet J. A. ÁLVAREZ-PEDROSA NÚÑEZ, *IF* 98 (1993) 13ff.

[174] MH*Ll* 158; MBR*IS* 96.

[175] BE*Hp* 380; vgl. 381f. über die Auffassungen von SCHLEICHER und LOTTNER, 382ff. ausführlich zu FORTUNATOVS Regel. Eine bibliographische Ergänzung

verkünden: „*l* gehört der Ursprache an“. Heute ist die Existenz von idg. */l/ nicht mehr zweifelhaft[176]; die Verteilung von /r/ und /l/ in diversen indoarischen, iranischen und Nūristān-Sprachen ist nur noch Gegenstand der Beurteilung dieser Sprachen[177].

3.7.1. In einigen Positionen werden die Nasale und Liquiden als silbische Allophone – *[m̥], *[n̥], *[r̥], *[l̥] – realisiert; das Phänomen ist dem Nebeneinander von *[i̯] und *[i], *[u̯] und *[u] verwandt (s.o. **2.5.** [**1–2.1**]). Wegen der Kombinierbarkeit von */mr-/, */ml-/ und */mn-/ einerseits, */u̯r-/, */u̯l-/, */u̯i̯-/ andererseits sind *m*- und *u̯*- sogar einer urindogermanischen Subklasse zugeschrieben worden[178]. – In der Geschichte der Indogermanistik spielt die Entdeckung der *Liquida* und v.a. der *Nasalis sonans* eine beachtenswerte Rolle[179].

BD. Okklusive

3.8. Das Sanskrit hat eine Vierheit von Okklusiv-Phonemen: /T/, /T^h^/, /D/, /D^h^/. Da die früheste Rekonstruktion des Indogermanischen durch eine „Sanskritozen-

---

zu BE*Hp* bietet WINDISCH*GSkrPhil* 438. – Die Ablehnung von idg. */l/ in der Frühzeit der Indogermanistik hing offenkundig mit der „Sanskritozentrik“ (u. **3.8**, Anm. 180) zusammen.

[176] Damit ist auch FORTUNATOVS Regel kein Thema der uridg. Phonologie mehr; sie findet noch Verteidiger (vgl. die Lit. bei COLLINGE*Laws* 46). – Abzulehnen Š. ONDRUŠ, *Kratylos* 11 (1966[67]) 107ff. (*l* und *r* Allophone éines Phonems).

[177] Darüber handelt meine Studie „Zur Vertretung der indogermanischen Liquiden in den indo-iranischen Sprachen“, die in *IndTaur* 28 erscheinen wird. – Eine weitere in neuerer Zeit noch behandelte Frage ist die nach dem Fehlen von idg. */r-/ im Anlaut; vgl. W. P. LEHMANN, *Language* 27 (1951) 17 („PIE must be reconstructed without initial /r/“), SCHRIJVER, *Refl* 16, andererseits G. KLINGENSCHMITT, *Das altarmenische Verbum* (Wiesbaden 1982) 105 Anm. 27, H. RIX, *Kratylos* 41 (1996) 154 und Anm. 1, *LIV*[2] 496–511 (Wurzeln mit **r*°, vorwiegend ohne die Alternative **[H]r*°). – Non vidi: R. MATASOVIĆ, *Suvremena lingvistika* 18/2 (1992) 201ff. (über die Distribution von idg. */r/ – eine kaukasisch-indogermanische Korrespondenz? [Lt. *BL* 1993, 7237]).

[178] S. MH*Ll* 158f., mit Lit.

[179] SZEMERÉNYI*Einf* 46f., 49, MBR*IS* 98ff.

trik“ gekennzeichnet war[180], ist auch der rekonstruierten indogermanischen Grundsprache ein solches Vierbündel zugeschrieben worden. Erst durch die Einbeziehung der Laryngaltheorie ist es zu Zweifeln an der Ursprünglichkeit der Tenues aspiratae gekommen (o. **3.3.1.2.4** mit Anm. 119, 120); die Überlegung, daß allenfalls mit einem Dreierbündel */T/ – */D/ – */D^{h}/ zu rechnen sei, hat zu typologischen Einwänden geführt, mit denen die Entstehung der Glottal-Theorie zusammenhängt (u. **4**–**4.4**).

3.8.1. Als Artikulationsstellen dieser Okklusivbündel stehen seit der Frühzeit der Indogermanistik Dentale und Labiale fest; hingegen wird bei Schleicher „der Ursprache eine einzige Gutturalreihe zugeschrieben, bestehend aus ... *k*, *g*, *gh*“[181]. „Keine einzige der historischen Sprachen gleicht der Ursprache in dieser Einfachheit“[182]. Noch in dem Zeitraum, den Bechtels Buch beschreibt, ist diese Einfachheit überwunden worden, vor allem durch das Wirken von Graziadio Isaia Ascoli und August Fick[183]. Die (unzweifelhafte) Berechtigung dreier Tektalreihen ist bis in die jüngste Zeit Gegenstand von Diskussionen gewesen[184].

---

180 Vgl. die Dokumentation bei Mh*SkrSAlteur* 125ff. Aus „Sanskritozentrik“ ist wohl auch die Ablehnung von idg. */l/ zu verstehen, s.o. **3.7** Anm. 175.

181 Be*Hp* 291.

182 Be*Hp*, a.a.O.

183 Vgl. Be*Hp* 295ff., 312ff., 318ff., 329ff., 367ff., 372ff. (zu „unerklärten Entsprechungen“ und zu den Vorschlägen Johannes Schmidts); neben Bechtels gründlicher Schilderung ist auch Windisch*GSkrPhil* 425 heranzuziehen.

184 Vgl. Argumentation und Lit. bei Mh*Ll* 102ff., MBr*IS* 129ff.; s. zur Frage der Weiterführung aller drei Reihen im Luwischen J. Tischler, *IF* 95 (1990) 63ff., bes. 87f. (~ MBr*IS* 131 [s. auch 130, 134]), H. Rix, *Kratylos* 35 (1990) 45, Melchert, *AHPh* 251f. Vgl. ferner R. Stempel, *HS* 107 (1994) 298 Anm. 1, M. E. Huld, *Fs Hamp* I 115ff.; ein Argument für die drei Artikulationsreihen auch bei D. I. Ėdel'man, *IzvAN* 32, 6 (1973) 540ff. S. G. Meiser, *Kratylos* 47 (2002) 110. [Anders A. A. Kretov, *Baltistica* III (1) *Priedas*, 1989, 134ff.; s. auch Ju. V. Otkupščikov, *Desnickaja* 1989, 39ff.]. – Über „the Myth of Direct Reflexes of the PIE Palatal Series in Kati“ handelt A. L. Sihler, *Fs Puhvel* I 187ff. – Non vidi: R. H. Southerland, Comparative and typological perspectives on the reconstruction of the Indo-European „Gutturals“, *Calgary Working Papers in Linguistics* 4 (1978) 9ff. (*IC* 27a, 83a)

3.8.2. Die Tenues dieser Artikulationsreihen – */t/, */p/ und nach der Feststellung dreier Tektalreihen (**3.8.1**) */k/, */ḱ/ und */kᵘ̯/ – stehen seit dem 19. Jahrhundert fest; nur in der Glottaltheorie wird ihr Ansatz durch */t(^{h})/ usw. modifiziert (u. **4.2**).

An */t/ in Positionen, wo es (ebenso wie */d^{h}/) als *[þ] (*[δ^{h}]) realisiert wurde, erinnert **3.6.1.1** (~ **3.8.2.2.1**).

3.8.2.1. Der Ansatz indogermanischer Tenues aspiratae (*/t^{h}/ usw.) bietet hingegen Probleme. So sind die Fälle nicht mehr zweifelhaft, in denen klassische Ansätze mit */t^{h}/ vielmehr auf die Folge zweier Phoneme, */t/ und */h$_{2}$/, zurückweisen: Vgl. sichere Etyma wie **pént-oh$_{2}$-s* ~ **pn̥t-h$_{2}$-és* (o. **3.3.1.2.4** und Anm. 120), **pl̥th$_{2}$-ú-* (ved. *pr̥thú-*, MBr*IS* 117), **rot-eh$_{2}$-* ~ **rót-h$_{2}$-o-* (ved. *rátha-*, Mh*EWAia* II 429f., mit Lit.), **steh$_{2}$*, Präsens **stí-sth$_{2}$-e-* (ved. *tíṣṭha-*, gr. dor. στᾱ [°σθ°], Lit. in Mh*EWAia* II 766[185]; die Möglichkeit, eine Leerstelle */T^{h}/ sei durch Affektwörter, Onomatopoetika und Entlehnungen gefüllt worden, die bei Mh*Ll* 98f. erwogen wird, ist im Falle von */t^{h}/ vielleicht (?) durch die Gleichung gr. ἀ-σκηθής ‚unversehrt' ~ got. *skaþis* ‚Schaden' vertreten[186].

---

sowie den Beitrag von N. D. Andreev zum Gutturalproblem und zur Laryngaltheorie in *Gs Žirmunskij* 233f. (*IC* 20b, 31).

185 Daß Hiersche*Asp* (1964) und noch ein späterer Aufsatz des selben Autors (1978) die laryngalistische Deutung von aia. *th* de facto durch Minimalisierung des Problems umgehen, zeige ich in *ZPhon* 34 (1981) 433 Anm. 17, 18 = *AKS* 298 Anm. 17, 18. Von der Schärfe meines damaligen Urteils vermag ich nicht abzugehen. – An die „vielleicht nach Th. Siebs [~ Mh*Ll* 92 Anm. 13] … im Wortanlaut hinter /*s*/ als kombinatorische Varianten aspirierter Medien auftauchenden Tenues aspiratae …, ein[en] Sachverhalt, der in der typologischen Diskussion übersehen wurde", erinnert St. Schaffner, *Kratylos* 47 (2002) 122 Anm. 3, mit Lit.

186 Mh*Ll* 98. Primäre Tenues aspiratae in lautnachahmenden Bildungen liegen vielleicht in **k^{h}ak^{h}* ‚lachen', **lap^{h}* ‚lecken' vor; hingegen bleibt fraglich, ob die Gleichung ved. *śaṅkhá-* = gr. κόγχος ‚Muschel' wirklich ein Kulturlehnwort **ḱonk^{h}o-* fortsetze (auch ein Ansatz **ḱonk-h$_{2}$-o-* bleibt denkbar, s. Mh*EWAia* II 604, mit Lit.). – Vgl. ferner F. Villar Liébana, *Revista Española de Lingüística* 1 (1971) 129ff., G. Michelini, *SILTA* 4 (1975) 49ff., J. Fourquet, *Sprachwissenschaft* 1 (1976) 108ff. J. E. Rasmussen, *CopenhagenWPL* 2 (1992) 19ff. = *SelP* 490ff.

3.8.2.2. Die Opposition */D/ : */D^h/ ist der Grundsprache mit Sicherheit zuzuschreiben[187]. Sie wird durch die wichtigsten Einzelsprachen widergespiegelt; daß auch die baltischen und slavischen Sprachen, in denen nach traditioneller Lehre */D/ und */D^h/ zusammenfielen, die Opposition */D/ : */D^h/ in Reflexen widerspiegelten, lehrt eine viel diskutierte These, die mit dem Namen WERNER WINTERS verbunden ist[188].

3.8.2.2.1. Die Frage der labialen Media, */b/, spielt eine Rolle in der Glottaltheorie; s.u. **4.1**, **4.3.1.1**. – Zur positionsbedingten Realisation von */d^h/ als *[δ^h] s. **3.6.1.1** (~ **3.8.2**).

3.8.3. Konsonanten-Verbindungen (besonders Okklusiv-Verbindungen) wurden in neuerer Zeit mehrfach besprochen (s. z.B. */TK/ → *[Kþ], o. **3.6.1.1**)[189]. – Zwei Gesetze sind bis in die Gegenwart behandelt worden:

3.8.3.1. GRASSMANNS Gesetz „wirkt auf den ersten – und auch auf den letzten – Blick als ein paralleler Prozeß in der Geschichte indogermanischer Einzelsprachen“[190]. Es gehörte dann nicht in die Problematik der gemeinin-

---

[187] Als Opposition – wenngleich mit anderen Lautwerten – auch in der Glottal-Lehre (u. **5.4**). – An den */D^h/-Ansätzen ändert nichts – im Gegensatz zu */T^h/, das sich nach manchen völlig auf */T/ + */h_2/ reduziert (**3.8.2.1**) –, daß es Fälle von */D/ + */h_2/ > */D^h/ gibt, wie **meǵ-h2* ‚groß‘ > ved. *máhi*, gr. μέγα (MH*Ll* 138f.), **d^hug-h2°* ‚Tochter‘ (MH*Ll* 136ff., *EWAia* I 737f., E. P. HAMP, *Veleia* 13 [1996] 271ff., TREMBLAY 2003, 86ff., u. dgl.). – Über E. G. PULLEYBLANKS Annahme, die idg. Mediae aspiratae hätten „the same origin as those of Late Middle Chinese“, s. *IC* 34, A 421.

[188] Vgl. MH*Ll* 96 und Anm. 21; COLLINGE*Laws* 225ff. (mit Lit.); T. SHINTANI, *APILKU* 5 (1985) 273ff. S. R. YOUNG, *HS* 103 (1990) 132ff. und in *Aronson 1992*, 282ff., R. BEEKES, *SprwPhil* 35 Anm. 3, 44 Anm. 10, J. E. RASMUSSEN, *CopenhagenWPL* 2 (1992) 63ff., 76f. = *SelP* 527ff., 539f. (weitere Lit. bei G. KEYDANA, *Kratylos* 47 [2002] 45). – Gegen das Gesetz v.a. H. BIRNBAUM, *Fs Winter* 41ff. (~ Rez. von J. E. RASMUSSEN, *AL* 21 [1988] 63ff.), *Fs Schmid* 25ff., W. P. SCHMID, *Fs Bräuer* 457ff. = *KS* 358ff., H. EICHNER, *KBS* 13–14 (1987–88) 87, E. CAMPANILE, *Fs Belardi* 339ff., CH. DE LAMBERTERIE, *AspLat* 149; s. SZEMERÉNYI*Einf* 162f., KEYDANA, a.a.O.

[189] Eine reiche Liste schon bei LEO MEYER, *Vergleichende Grammatik der Griechischen und Lateinischen Sprache* I 1² (Berlin 1882) 342ff.; zu Weiterem s. B. FORSSMAN, *Kratylos* 33 (1988) 60.

[190] MH*Ll* 112.

dogermanischen Vorgänge, wiewohl mit viel Scharfsinn versucht worden ist, dies zu erweisen[191]. Seit MH*Ll* haben sich zu GRASSMANNS Gesetz geäußert: J. J. OHALA, der das Gesetz als einen Fall von „hyper-correction" auffaßt[192]; J. E. RASMUSSEN in *NewSound* (1989) 164ff.; J. SALMONS, *HS* 104 (1991) 46ff.; A. PÂRVULESCU, *IF* 98 (1993) 55ff. Es besteht weiterhin kein Anlaß, die Analogie der Prozesse im Aia. und Gr. anders zu erklären als dadurch, „daß beide Sprachen über Aspiraten verfügten und daher zu einem natürlichen Dissimilationsprozeß neigten, wie er auch z.B. in einer amerikanischen und in einer afrikanischen Sprache eingetreten ist"[193]. GRASSMANNS Gesetz „ist kein gemeinindogermanischer Vorgang"[194].

3.8.3.2. Das 1882 erstmals dargelegte Gesetz CHRISTIAN BARTHOLOMAES wird „im allgemeinen am Vedischen demonstriert, dürfte aber indogermanischen Alters sein"[195]. Diese meine Feststellung von 1986 beruht auf einer Reihe von Erwägungen, die mir weiterhin wichtig erscheinen[196]; doch sind auch Zweifel an der Wirksamkeit dieses für das Indoiranische gesicherten Gesetzes im Gesamtindogermanischen geäußert worden[197].

---

[191] S. das Referat in MH*Ll* 112–115. – An Literatur ist nachzutragen: S. R. ANDERSEN, *LIn* 1 (1970) 387ff.; I. A. SAG, *LIn* 5 (1974) 591ff., 7 (1976) 609ff., *LSAMH 1975*, 128; J. B. BUTLER, *IF* 79 (1974[75]) 18ff.; J. E. HOARD, *PBLS* 1 (1975) 207ff.; E. PHELPS, *PBLS* 2 (1976) 330ff.; B. J. DARDEN, *PCLS* 14 (1978) 65ff. (auch zu BARTHOLOMAES Gesetz, u. **3.8.3.2**); W. ZONNEVELD, *Utrecht Working Papers in Linguistics* 5 (1978) 1ff. (auch zu BARTHOLOMAES Gesetz); D. ODDEN, *LAn* 6 (1980) 261ff.; P. C. STANLEY, *IF* 90 (1985) 39ff.; G. K. IVERSON, *FoLH* 6 (1985) 203ff.; s. weitere Lit. bei COLLINGE*Laws* 58ff., SZEMERÉNYI*Einf* 58.

[192] In *Language Change* 189f.

[193] MH*Ll* 115 (§ 4.10.2.1.3).

[194] MH*Ll*, a.a.O.; s. noch S. A. ROMASCHKO, *HL* 27 (2000) 37ff.

[195] MH*Ll* 115 (§ 4.10.2.2).

[196] MH*Ll* 115–117 (mit Lit.), 119.

[197] Vgl. SZEMERÉNYI*Einf* 107f. (mit Lit.); s. COLLINGE*Laws* 7ff. (Lit. 10f.), MBR*IS* 138. – Zu beachten o. **3.8.3.1** Anm. 191, ferner GÖRTZEN 444–448 (zu BARTHOLOMAES Gesetz im Germanischen). Speziell zu diesem Gesetz in der R̥V-Saṁhitā (und zu deren Dialekt-Gliederung) H. SCHARFE, *StII* 20 (1996) 351ff.; s. nun E. HILL, *Untersuchungen zum inneren Sandhi des Indogermanischen* (Bremen 2003) 218f., 245.

BE. Die Glottaltheorie

4. Das mit dem altindoarischen System übereinstimmende Verschlußlautsystem von „Vivererbündeln" (/T/ /T^h/ /D/ /D^h/) ist durch die Annahme in Frage gestellt worden, die „Tenues aspiratae" seien allesamt aus */T/ + */h_2/ hervorgegangen[198]. Wenn[199] */T^h/ wirklich völlig als laryngalbedingt entfiel, würde ein System von „Dreierbündeln" (/T/ : /D/ : /D^h/) anzusetzen sein[200]; gegen dieses erhoben sich alsbald Einwände der universellen Typologie[201]: Sprachen, die zu einem Paar /T/ – /D/ eine stimmhafte Aspirata fügten (/D^h/), ohne deren stimmloses Gegenstück, gebe es nicht[202]. Bleiben wir vorerst bei diesem Einwand; die Literatur des Pro und Contra ist seit meiner Darstellung von 1986 mächtig angewachsen und muß ausführlicher besprochen werden.

4.1. Ein weiterer Einwand gegen die typologische Vertretbarkeit des Okklusivsystems der klassischen Indogermanistik ist zu nennen, der bereits in MhLl 94 behandelt wird: Die labiale Media der klassischen Lehre, */b/, sei funktional schwach vertreten, angeblich sogar inexistent; das widerspreche den Erfahrungen der universellen Typologie, wonach *b* in vielen Sprachen der Welt ein funktional starkes, unmarkiertes Mitglied der Reihe stimmhafter Okklusive sei. Schon in der Spätschrift (1951) eines überragenden Indogermanisten der klassischen Periode, Holger Pedersen, wird darauf hingewiesen[203]; auch dieses */b/-Problem ist

---

[198] Oben **3.8** (mit Verweis auf **3.3.1.2.4** und Anm. 119, 120), **3.8.2.1.**

[199] S. jedoch zu den Erwägungen, daß es marginal */T^h/ – in Affektwörtern, Onomatopoetika, Entlehnungen – gegeben habe, o. **3.8.2.1** Anm. 186.

[200] Dazu Angaben und Lit. bei MhLl 92 und Anm. 13.

[201] Vgl. MhLl 92f. und Anm. 14, 15.

[202] MhLl, a.a.O.; dort (Anm. 14) bereits zu Gegenbeispielen und (Anm. 15) zu Zweifeln. – Den Gegenbeispielen ist inzwischen B. Comrie, *Language* 67 (1991) 200a anzuschließen, nach dem „Niger-Congo languages such as Mbatto" nahelegen, daß „voiced aspirates … are perfectly viable without voiceless counterparts".

[203] MhLl 94 Anm. 17. – Zu Martinet und Jakobson (neben Pedersen) als Vorläufern der „Glottaltheorie" in den 1950ern s. SalmonsGlott 6, 11. – A. G.

seit meiner Darstellung von 1986 mehrmals beleuchtet worden (u. **4.3.1.1**).

4.2. In neuerer Zeit haben – wegen der oben erwähnten typologischen Einwände – mehrere Gelehrte Okklusiv-Systeme für das Indogermanische vorgeschlagen, die von dem System der klassischen Indogermanistik in wesentlichen Teilen abweichen[204]. Dieses Bemühen ist mit den Namen von P. J. HOPPER[205] und F. KORTLANDT[206], besonders aber mit dem des georgischen Linguisten THOMAS V. GAMKRELIDZE – mehrfach in Verbindung mit dem seines russischen Kollegen VJAČESLAV V. IVANOV – verbunden.

4.2.1. GAMKRELIDZE hat sich viele Male zu seinen Anschauungen geäußert. Den Angaben in MH*Ll* 93 Anm. 16, MBR*IS* 125f. und in der Lit.-Liste bei SALMONS*Glott* 77 sind anzufügen:
IntSympArmLing (1982) 31ff.
Fs Winter (1985) 281ff.
GrammKat (1985) 198ff.
Vorabdruck der Plenarvorträge, XIV. Internationaler Linguistenkongreß unter der Schirmherrschaft des CIPL (Berlin, Akademie der Wissenschaften der DDR, 1987) 350ff.
KZ 100 (1987) 366ff.
VJa 1987/4, 26ff.
Markedness in Synchrony and Diachrony (ed. O. M. TOMIĆ, Berlin–New York 1989 [*TrLStM* 39]) 87ff., v.a. 95ff.
Desnickaja 1989, 36ff.
PICL 14 (1990) 208ff.
Gs Tovar/Michelena (1990) 225ff.
WAUGH-RUDY 1991, 465ff.
Kratylos 37 (1992) 1ff. („References“ 12f.).
POLOMÉ-WINTER 1992, 63ff.
Fs KHSchmidt (1994) 25ff.
WINTER 1995, 167ff.
Gs Kuryłowicz I (1995) 81ff.
Fs Hamp I (1997) 67ff.

HAUDRICOURT hat in einer 1948 geschriebenen (aber erst 1975 publizierten) Arbeit (*Fs Benveniste* 267ff.; SALMONS*Glott* 12) für das Indogermanische ein dem des klassischen Armenischen ähnliches System angenommen.

[204] Vgl. MH*Ll* 94f.; SALMONS*Glott* 31.

[205] S. die Angaben bei MH*Ll* 93 Anm. 16; SALMONS*Glott* 15f., 79f. – Dazu kommt P. J. HOPPERS Artikel über eine glottalische Interpretation der germanischen expressiven Gemination, *Fs Bailey* 85ff.

[206] MH*Ll* 89 Anm. 3, 93 Anm. 16; SALMONS*Glott* 81.

4.2.1.1. Arbeiten, die T. V. GAMKRELIDZE zusammen mit VJ.V.IVANOV geschrieben hat, nennen MH*Ll* 93 Anm. 16 und SALMONS*Glott* 77 [s. auch *IzvAN* 43, 1 (1984) 13ff.]. Die Glottaltheorie und ihre Geschichte referiert ein Kapitel des großen Werks von GAMKRELIDZE – IVANOV, *Indo-European and the Indo-Europeans*, Part I (Berlin–New York 1995; englische Fassung eines russischen Werks [Tiflis 1984], MBR*IS* XLV); den Teil über die Glottaltheorie behandelt der große Rezensions-Artikel von F. KAMMERZELL, *IF* 104 (2000) 234–271[207].

4.3. Die Glottaltheorie hat eine Reihe von Darstellungen[208] gefunden; es läßt sich eine Auswahl von Äußerungen aus den letzten Jahren erstellen, die positiv sind oder positiv zu sein scheinen[209].

4.3.1. Unter den Autoren, welche die Glottaltheorie ablehnen oder bezweifeln[210], sind jene wichtig, die sich nicht

---

[207] Weitere Rezensionen des Buches von GAMKRELIDZE–IVANOV 1995: C. F. JUSTUS, *Language* 72 (1996) 660f.; MH, *Kratylos* 42 (1997) 21ff.; J. GIPPERT, *BNF* (N. F.) 33 (1998) 39ff.

[208] V. a. SALMONS*Glott* 14ff., 32ff., 74ff. und passim (dazu M. JOB, *Diachronica* 12 [1995] 237–250); JEFFERS – LEHISTE 25ff., E. POLOMÉ, *FMSpIdg* 301ff., MH*Ll* 92ff., SCHWINK 59ff., LEHMANN, *Richtung* 51ff., LEHMANN, *Bases* 97ff., SCHMITT-BRANDT, *Einf.* 151ff., MBR*IS* 125f.

[209] Vgl. T. MONTLER, *WPLUH* 11, 3 (1979) 63ff.; W. P. LEHMANN, *Notes on Linguistics* 30 (1984) 11ff.; K. MATSUMOTO, *GK* 86 (1984) 5ff. (s. K. KAZAMA, *IC* 31a, 82); S. SUZUKI, *KZ* 98 (1985) 285ff.; R. S. PITTMAN, *Elson 1986*, 287; A. R. BOMHARD, *Diachronica* 3 (1986[87]) 269ff., *VJa* 1988/2, 5ff.; A. UGUZZONI, *Fs Heilmann* (1987) 291ff.; H. E. MAYER, *Lituanus* 34, 2 (1988) 5ff.; A. ERHART, *PICL 14*, 2463ff.; P. BALDI, *NStLatL* (1991) 3ff. (dazu H. HETTRICH, *Kratylos* 38 [1993] 88 mit Anm. 2; s. andererseits unten Anm. 210); S. LEVIN, *Word* 43 (1992) 249ff.; G. K. IVERSON – J. C. SALMONS, *Lingua* 87 (1992) 293ff.; CH. DE LAMBERTERIE, *BSL* 88, 2 (1993) 172ff., *AspLat* 135ff., 150, *LIE* 153ff.; W. AWEDYK, *FoLH* 14 (1983) 259ff.; M. PICARD, *Word* 46 (1994) 225ff.; W. STEFAŃSKI, *Fs Mańczak* 195ff.; I. IGARTUA, *Veleia* 13 (1996) 183ff.

[210] Vgl. SALMONS*Glott* 18ff., MH*Ll* 97 Anm. 26; s. D. G. MILLER, *GL* 20 (1980) 226ff.; L. A. LELEKOV, *VDI* 1982/3, 31ff.; W. MEID, *Fs Adrados* I (1984) 324; H. B. ROSÉN, *BSL* 79, 2 (1984) 77f.; M. JOB, *Georgica* 7 (1984) 34ff.; G. B. DŽAUKJAN, *VDI* 1986/3, 160ff.; J. E. RASMUSSEN, *AL* 20 (1987) 81ff.; M. KRAUSS, *Language Typology 1987*, 149ff.; E. PROVASI, *Aiōn* 10 (1988) 179ff.; W. MAŃCZAK, *HS* 103 (1990) 178ff.; CH. DE LAMBERTERIE, *LALIES* 10 (1992) 251ff.; W. WINTER, in: POLOMÉ – WINTER 1992, 111ff.; H. HETTRICH, *Kratylos* 38 (1993) 88 und Anm. 2; R. WOODHOUSE, *IF* 98 (1993) 1ff.; ders., *HS* 108 (1995) 173ff.; J. GIPPERT, *Gs Pedersen* 107ff. (~ K. H. SCHMIDT, *Kratylos* 41 [1996] 98f. und Anm. 9); BALDI*Found* 52ff. (~ G. MEISER, *Kratylos* 47 [2002]

bloß von der typologischen Begründung der neuen Lehre wenig überzeugt zeigen, sondern solche, die einzelne glottalistische Erklärungen zu widerlegen versucht haben.

4.3.1.1. So ist das Problem des angeblich seltenen, nach einigen Autoren sogar fehlenden */b/ der klassischen Lehre (o. **4.1**) Gegenstand mehrerer Äußerungen, ja sogar einer kleinen Monographie geworden[211]. Vom völligen Fehlen des */b/ konnte nie ernsthaft die Rede sein: ein Ansatz wie **bel-* ‚Kraft, kräftig' wird durch Ableitungen in vier wichtigen indogermanischen Sprachgruppen gestützt[212]. Die Zahl weiterer übergreifender Gleichungen mit */b/ (wie gr. στείβω: arm. *stipem*) ist wohl größer als in MH*Ll* 100 angeführt; in soziolinguistisch tieferstehendem Wortgut waren */b/-Gleichungen offenkundig stärker repräsentiert als in dem durch die „aristokratischen" Texte der frühesten indogermanischen Sprachen überlieferten Lexikon[213]. Zudem ist die Beobachtung, daß schwach markiertes */b/ ein häufigeres Vorkommen erwarten ließe, kein Universale: auf /p/, aber ursprünglich fehlendes /b/ in Lifu (Loyalty Islands) wird in einer Arbeit verwiesen, die MH*Ll* 99 Anm. 32 nennt[214].

4.3.1.1.1. Zur */b/-Problematik s. noch G. B. DŽAUKJAN, *VJa* 1982/5, 59ff., R. W. WESCOTT, *JIES* 16 (1988) 365ff., SCHWINK 61, CH. SCHLEICHER, *IF* 99 (1994) 28f., R. MATASOVIĆ, *JIES* 22 (1994) 133ff., ST. ZIMMER, *Kratylos* 45 (2000) 78, S. ZEILFELDER, *Kratylos* 47 (2002) 36 (mit Lit.), ST. SCHAFFNER, *Kratylos* 47 (2002) 122 (mit Lit.).

4.3.1.1.2. Durch das Lautgesetz $*ph_3$ > **b* (**3.3.1.3.4** und Anm. 133) ist dem klassischen System noch ein */b/ in einem häufigen Fortsetzer (Präsens **píbe-*, Perf. **peb°*, o. Anm. 133) zugewachsen. Nach J.

---

110); M. JOB, *Diachronica* 12 (1995) 237ff. (~ o. Anm. 208); G. BOLOGNESI, *L'indoeuropeo* 147ff. (~ CH. ZINKO, *Kratylos* 46 [2001] 211f.); C. M. BARRACK, *IF* 107 (2002) 76ff.; S. ZEILFELDER, *Kratylos* 47 (2002) 31, 36; ST. SCHAFFNER, *Kratylos* 47 (2002) 120ff., 126f.

[211] MEID, /b/ (1989). Dazu SALMONS*Glott* 49ff., *Fs Hamp* II 157ff.

[212] S. MH*EWAia* II 215 (mit Lit.), B. FORSSMAN, *Kratylos* 33 (1988) 58.

[213] MEID, /b/ 11.

[214] A.a.O. auch zu einer Äußerung von D. M. JOB, der sich dagegen ausspricht, daß [p'] stets selten sein müsse.

Colarusso, *Gs Kerns* 525 funktioniert dieses Gesetz allerdings besser bei Annahme der Glottaltheorie.

4.3.1.2. Gegen die Glottaltheorie sind gelegentlich frühe Entlehnungen aus indogermanischen Sprachen ins Spiel gebracht worden. So verweist Meid (/b/ 13f. Anm. 1) auf finn.-ugr. Wörter wie finn. *aja-* ‚treiben, jagen, fahren', die eine voreinzelsprachliche (~ idg.) Lehnquelle mit **-g-* (lat. *agere* usw.) voraussetzen[215], nicht **-k̂-*, wie von der Glottaltheorie gefordert. Nach dieser stehen Sprachen wie Germanisch oder Armenisch, deren Konsonantismus die klassische Lehre durch „Lautverschiebungen" systematisch verändert sein läßt, der Grundsprache besonders nahe[216]. Dem widerspricht eine Entlehnung wie german. **rīk-* ‚Mächtiger' aus kelt. **rīg-* ‚König'. Hier wurde bisher die Erklärung vorgebracht, kelt. **rīg-* sei noch in frühgermanischer Zeit entlehnt worden und dann dem germanischen Lautverschiebungsprozeß *-g-* > *-k-* unterlegen; nach der Glottaltheorie hat es diesen Prozeß nicht gegeben, da nach ihr die indogermanische Vorstufe von german. */k/ ein diesem sehr nahestehendes */k'/ war[217]. Ähnlich scheint die bisher angenommene armenische Lautverschiebung (arm. /t/ < idg. */d/), welche von der Glottaltheorie geleugnet wird[218], den Konsonantismus von arm. *partêz* ‚Garten' besser zu erklären: dieses sei noch vor dem Wirken der armenischen Lautverschiebung aus iran. **paridai̯za-* entlehnt worden[219].

---

[215] Vgl. Joki*UrIdg* 247f., Rédei*Sprachkont* 43; s. auch J. Koivulehto, *Uralische Evidenz für die Laryngaltheorie* (*SbAkWien* 566, Wien 1991) 105.

[216] Vgl. das grundsätzliche Diktum von Gamkrelidze – Ivanov, *Phonetica* 27 (1973) 156, wonach „Sprachen, denen bisher einschneidende Konsonantenverschiebungen zugeschrieben wurden", sich nach dieser Theorie „eher als konservativ" erweisen (~ Mh*Ll* 95).

[217] S. W. Meid, *AhD I* 10; St. Schaffner, *Kratylos* 47 (2002) 123f.

[218] Nach dieser geht arm. /t/ auf idg. */t'/ zurück; Salmons*Glott* 31.

[219] Ch. de Lamberterie, *LALIES* 10 (1992) 254; W. Meid, *AhD I* 9; R. Schmitt, *Kratylos* 46 (2001) 86. – Allgemein zu armenologischen Einwänden gegen die Glottaltheorie A. Pisowicz, *FolOr* 25 (1988) 213ff. – Die Verwendbarkeit von arm. *partêz* als Argument gegen die Glottaltheorie bestreitet J. J. S. Weitenberg, *RekRelCh* 143.

– Diese Argumentation mit den Lehnwörtern ist beachtenswert, doch fehlt ihr die letzte Stringenz: bei solchen Kontakten kann es zu vielfältigen Lautsubstitutionen gekommen sein[220].

4.3.2. Zugunsten der Glottaltheorie ist vorgebracht worden, daß sie GRASSMANNS Gesetz (o. **3.8.3.1**), BARTHOLOMAES Gesetz (**3.8.3.2**) und die Lex WINTER (**3.8.2.2** Anm. 188) einfacher erkläre; es scheint keine wesentliche Literatur dazu zu geben, die über die geläufigen Darstellungen hinausgeht[221]. – Zur Bedeutung der idg. Flexionssuffixe und der idg. Wurzelstruktur für die Glottaltheorie s. MH*Ll* 95 Anm. 19 (mit Lit.), SALMONS*Glott* 34ff.; zu beachten K. H. SCHMIDT, *Kratylos* 39 (1994) 107 Anm. 5.

4.4. Das Echo auf die verschiedenen Formen der Glottaltheorie ist zwiespältig. Als Antwort auf Einwände typologischer Art gegen das traditionelle Okklusivsystem haben sie mehrfach Zustimmung gefunden[222]; andererseits sind kritische Stimmen gegen sie laut geworden, die aber nicht den Rang von Widerlegungen erreicht haben[223].

4.4.1. Dieser Rückblick auf die im 20. Jahrhundert erreichten Auffassungen zur phonologischen Rekonstruktion des Indogermanischen hat auch eine darstellungspraktische Seite. Wir finden, daß, anders als im Fall der Laryngaltheorie, die neueren Darstellungen sich einer praktischen Verwendung der Glottaltheorie verschließen[224], obwohl sie ihre Leserschaft ausführlich

---

[220] So scheint SCHAFFNER, a.a.O. 124 die Möglichkeit einzuräumen, im Falle von **kanab-* (gr. κάνναβις usw.) → german. **χanapa*/*i-* ‚Hanf' könne man auch, der Glottaltheorie entsprechend, „mit einer Lautsubstitution von /*b*/ durch das angeblich seltene Phonem /*p*'/ rechnen".

[221] Vgl. MH*Ll* 96 und Anm. 22 (bzw. 23 [~ LACHMANNS Regel, mit Lit.]); 113f.; 117 (mit der wichtigen Gegenposition von D. G. MILLER); SALMONS*Glott* 32ff.

[222] SALMONS*Glott* 72f.; s. die Lit. bei SZEMERÉNYI*Einf* 161f., MBR*IS* 125f.

[223] S. z.B. oben **4.3.1.2**; vgl. die Lit. bei SZEMERÉNYI*Einf* 162. – Daß diese „Ablehnung sich vorerst ziemlich kleinlaut gibt" (SZEMERÉNYI*Einf* 160), kann ich den bei SZEMERÉNYI angeführten Titeln jedoch nicht entnehmen. Beachtenswert sind die „bedenkliche[n] Momente", auf die SZEMERÉNYI, a.a.O. 160(f.) aufmerksam macht.

[224] Vgl. MH*Ll* 89 und Anm. 3; MEISER 28; MBR*IS* 126; s. (ohne ausgesprochene Begründung) die Praxis von SZEMERÉNYI*Einf* 71, 159.

über sie informieren. Diese Verschiedenheit der Verwendung läßt sich rechtfertigen: Im Falle der Laryngaltheorie hat der Autor eines Handbuches unbedingt Stellung zu nehmen, da sich laryngalistische Ansätze von solchen mit nicht laryngalistischer Notation wesenhaft unterscheiden können[225]; die Dinge liegen hier also grundsätzlich anders als „bei den … Varietäten der …, ‚Glottaltheorie'… Dort werden … die … rekonstruierten Verschlußlautphoneme praktisch nur uminterpretiert und die gewohnten Wortformen bloß anders notiert"[226].

---

225 So sind **ster-* ‚Stern' und **ster-* ‚ausstreuen' bei POKORNY*IEW* 1027 bzw. 1029 formgleich; eine seit der Frühzeit der Forschung (A. KUHN, *KZ* 4 [1855] 4) vorgeschlagene etymologische Verbindung der beiden Wurzeln wäre also formal möglich. Sie wird durch die richtigen Ansätze **h2ster-* für ‚Stern' und **sterh3-* für ‚ausstreuen' bereits auf der Ebene ihrer lautlichen Gestalt ausgeschlossen (MH*Ll* 98 Anm. 31).

226 R. SCHMITT, *LarTheor* 488; ähnlich M. BACK, *KZ* 93 (1973) 184 (die glottalisierten Modelle „im Gegensatz etwa zu den Laryngalen … nirgends zwingend erfordert …, um das belegte Sprachmaterial zu verstehen").

Zusammenfassung

5. Eine maßvolle Lehrbuchdarstellung der diachronen Phonologie des Indogermanischen kann, nach einer kritischen Durchsicht der seit BECHTEL vorgelegten Fachliteratur, das folgende indogermanische Phonemsystem[227] vertreten:

5.1. Kurzvokale /i/ /u/

/e/ /o/

/a/

(o. **2–2.3.2**; **2.5**; **2.5.1**; Frage des Charakters von /i̯/, /u̯/ als Phoneme oder Allophone: **2.5.1**; Verbindung von E[:] und U̯ zu Diphthongen: **2.6–2.6.2.1**).

5.2. Langvokale /i:/ /u:/

/e:/ /o:/

/a:/

(o. **2.4–2.4.3**; **2.5.1**).

5.3. Dauerlaute:

5.3.1. „Laryngale" /h_1/ /h_2/ /h_3/

(o. **3.1–3.5.3.2**).

5.3.2. /s/

(o. **3.6**; kein Phonem /þ/ ~ /δ^h/, o. **3.6.1–3.6.1.1**).

5.3.3. Nasale und Liquiden /m/ /n/ /r/ /l/

(o. **3.7**; silbische Allophone [m̥] [n̥] [r̥] [l̥] o. **3.7.1**).

5.4. Okklusive /T/ /D/ /D^h/ (~ selten /T^h/?)

(o. **3.8–3.8.3.2**; in den „Glottaltheorien" durch abweichende Systeme wie /T ~ T^h/ /T'/ /D ~ D^h/ ersetzt, o. **4–4.4.1**).

6. Von den neueren Lehrbuchdarstellungen (s. MBR*IS* X f.) stimmt MBR*IS* 71 mit o. **5.1–5.4** voll überein. Kein Zufall: der Schreiber dieser Zeilen ist sich seines Anteils an

---

[227] S. noch S. D. KACNEL'SON, *Desnickaja* 1989, 131ff.; A. M. SCHENKER, *Gs Kuryłowicz I* 73ff.

S. 71ff. von MBr*IS* (a.a.O. IX) bewußt[228]. – Das „phonologische System des Indogermanischen kurz vor dem Aufbruch der Spracheinheit" in einem so wichtigen Werk wie SzemerényiEinf 159 zeigt hingegen bedeutsame Abweichungen: Es enthält die Phoneme /m̥/ /n̥/ /r̥/ /l̥/, die hier als silbische Allophone zu /m/ /n/ /r/ /l/ (= /R/) aufgefaßt werden (o. **3.7.1**), die Phoneme /m̥̄/ /n̥̄/ /r̥̄/ /l̥̄/, die wir als [R̥H] deuten (o. **3.3.1.1.5**, **3.3.1.2.6**, **3.3.1.3.6**), und nur ein Phonem /h/ (dagegen o. **3.4.1.1**). Die Einheit der Auffassungen zur indogermanischen Lautlehre, die im 19. Jahrhundert nach Kämpfen und Umwälzungen (Fritz Bechtels Buch von 1892 beschreibt sie) einen vorläufigen Haltepunkt erlangt zu haben schienen – sie ist noch nicht erreicht.

[228] Die kurzlich erschienene englische Fassung (2003) von MBr*IS* bringt leider die Vorbemerkung S. IX („... Ausführungen zum lautlichen Teil stützen sich auf ... M. Mayrhofer") in falscher Übersetzung (engl. S. XI: „... section on morphology [!] ... based on the text written by M. Mayrhofer"). – Nachzutragen sind hier noch: zur Lex Eichner (S. 27) G. E. Dunkel, in H. Hettrich (ed), *Indogermanische Syntax – Fragen und Perspektiven* (Wiesbaden 2002) 94 Anm. 32; zur „Thorn"-Frage (S. 40) C. Melchert, *JIESMonogrS* 47 (2003) 145ff.; zur Lex Winter (S. 45) J. H. Holst, *HS* 116 (2003) 149ff., R. Derksen, *Baltistica* 37 (2003) 5ff. – S. ferner die Nachträge oben Anm. 194 und 197.

7. Abkürzungsverzeichnis

Abkürzungen von Sprachbezeichnungen, die nur durch das Weglassen des Morphems {-isch} zustandekommen, werden nicht angeführt.

Aav. = Altavestisch.
AfO = *Archiv für Orientforschung*. Wien.
Ahd. = Althochdeutsch.
AhD I = R. BERGMANN u.a. (ed.), *Althochdeutsch*. Band I. Grammatik. Glossar und Texte. Heidelberg 1987.
Aia. = Altindoarisch.
Aiōn = ΑΙΩΝ. Annali del Dipartimento di Studi del Mondo Classico e del Mediterraneo Antico, Sezione linguistica, Istituto Universitario Orientale Napoli.
Aksl. = Altkirchenslavisch.
AL = *Acta Linguistica*. Kopenhagen.
AlmÖAW = Österreichische Akademie der Wissenschaften [.] *Almanach*. Wien.
Altav. = Altavestisch.
An. = Altnordisch.
AÖAW = *Anzeiger der Österreichischen Akademie der Wissenschaften, Philos.-Histor. Klasse*. Wien.
APILKU = *Arbejdspapirer udsendt af Institut for Lingvistik, Københavns Universitet*. Kopenhagen.
ArchOr = *Archív orientální*. Prag.
Aronson 1992 = H. I. ARONSON (ed.), *The Non-Slavic Languages of the USSR*. Chicago 1992.
AspLat = *Aspects of Latin. Papers from the Seventh International Colloquium on Latin Linguistics. Jerusalem, April 1993* [*IBS* 86]. Innsbruck 1996.
Av. = Avestisch.

BALDI*Found* = PH. BALDI, *The Foundations of Latin* [*TrLStM* 117]. Berlin–New York 1999.
Baltistica = *Baltistica*. Vilnius.
BAMMESBERGER, s. *LarTheor*.
BAMM*Lar* = A. BAMMESBERGER, *Studien zur Laryngaltheorie* [Ergänzungshefte zu *KZ* Nr. 33]. Göttingen 1984.
BECHTEL*KOSt* = F. BECHTEL, *Kleine onomastische Studien. Aufsätze zur griechischen Eigennamenforschung*. Königstein/Ts. 1981.

BEHp = F. BECHTEL, *Die Hauptprobleme der indogermanischen Lautlehre seit Schleicher*. Göttingen 1892 [s.o. **1**, Anm. 2].

BiOr = *Bibliotheca Orientalis*. Leiden.

BJL = *Belgian Journal of Linguistics*. Brüssel.

BL = *Bibliographie linguistique / Linguistic Bibliography*. Zuletzt Dordrecht–Boston–London.

BNF (N. F.) = *Beiträge zur Namenforschung* (Neue Folge). Heidelberg.

BRUGMANN, *Grundriß* = K. BRUGMANN – B. DELBRÜCK, *Grundriß der vergleichenden Grammatik der indogermanischen Sprachen*. 2. Bearbeitung. 5 Bde., Straßburg 1897–1900.

BSL = *Bulletin de la société de linguistique*. Paris.

CFS = *Cahiers Ferdinand de Saussure*. Genf.

CHL/IEFU = *Comparative-Historical Linguistics : Indo-European and Finno-Ugric*. Papers in Honor of Oswald Szemerényi III. Amsterdam–Philadelphia 1993.

COLLINGE*Laws* = N. A. COLLINGE, *The Laws of Indo-European*. Amsterdam–Philadelphia 1985.

CopenhagenWPL = *Copenhagen Working Papers in Linguistics*. Kopenhagen.

Desnickaja 1989 = A. V. DESNICKAJA (otv. red.), *Aktual'nye voprosy sravnitel'nogo jazykoznanija*. Leningrad 1989.

Diachronica = *Diachronica. International Journal for Historical Linguistics*. Zuletzt Amsterdam–Philadelphia.

EfLar = W. WINTER (ed.), *Evidence for Laryngeals*. London–Den Haag–Paris 1965.

Elson 1986 = B. F. ELSON (ed.), *Languages in Global Perspective : Papers in Honor of the 50th Anniversary of the Summer Institute of Linguistics 1935–1985*. Dallas 1985.

Emérita = *Emérita. Boletin de lingüística y filología clásica*. Madrid.

EWAia, s. MH*EWAia*

FL = *Folia Linguistica*. Berlin.

FMSpIdg = *Früh-, Mittel-, Spätindogermanisch*. Akten der IX. Fachtagung der Indogermanischen Gesellschaft ... 1992 in Zürich. Wiesbaden 1994.

FoLH = *Folia Linguistica Historica*. Berlin.

FolOr = *Folia orientalia*. Krakau.

Fs Adrados = *Athlon. Satura grammatica in honorem Francisci R. Adrados*. Vol. I, Madrid 1984.

Fs Bailey = *Development and Diversity. Language Variation across Time and Space. A Festschrift for Ch.-J. N. Bailey.*

[Summer Institute of Linguistics and the University of Texas at Arlington Publications in Linguistics, 93]. Dallas 1990.

Fs Beekes = *Sound Law and Analogy. Papers in honor of Robert S. P. Beekes on the occasion of his 60th birthday* [*LSIE* 9]. Amsterdam–Atlanta 1997.

Fs Belardi = *Miscellanea di studi linguistici in onore di Walter Belardi per il suo 70° compleanno*. Rom 1994.

Fs Benveniste = *Mélanges linguistiques offerts à Émile Benveniste*. Louvain 1975.

Fs Bräuer = *Festschrift für Herbert Bräuer zum 65. Geburtstag*. Köln–Wien 1986.

Fs Engler = *Sprachtheorie und Theorie der Sprachwissenschaft. Festschrift für Rudolf Engler zum 60. Geburtstag*. Tübingen 1990.

Fs Hamp = *Festschrift for Eric P. Hamp*. Vol. I, II [*JIESMonogrS* 23,25]. Washington 1997.

Fs Heilmann = *Miscellanea in onore di Luigi Heilmann per il suo 75° compleanno* [*SOL* 3 (1986[87])]. Bologna 1987.

Fs Hoenigswald = *Festschrift for Henry Hoenigswald*. Tübingen 1987.

Fs Kerns = *Studies in honor of J. Alexander Kerns*. Den Haag–Paris 1970.

Fs KHSchmidt = *Indogermanica et Caucasica. Festschrift für Karl Horst Schmidt zum 65. Geburtstag*. Berlin–New York 1994.

Fs Kuiper = *Pratidānam. Indian, Iranian and Indo-European Studies Presented to Franciscus Bernardus Jacobus Kuiper on his sixtieth birthday*. Den Haag–Paris 1968.

Fs Mańczak = *Munus Amicitiae. Studia linguistica in honorem Witoldi Mańczak septuagenarii*. Krakau 1995.

Fs Neumann 1982 = *Serta Indogermanica. Festschrift für Günter Neumann zum 60. Geburtstag* [*IBS* 40]. Innsbruck 1982.

Fs Puhvel = *Studies in honor of Jaan Puhvel*. Pt. I, II [*JIESMonogrS* 20,21]. Washington 1997.

Fs Rix = *Indogermanica et Italica. Festschrift für Helmut Rix zum 65. Geburtstag*. Innsbruck 1993.

Fs Schmid = *Florilegium Linguisticum. Festschrift für Wolfgang P. Schmid zum 70. Geburtstag*. Frankfurt a. M. 1999.

Fs Schmidt, s. *Fs KHSchmidt*.

Fs Szemerényi = *Studies in Diachronic, Synchronic, and Typological Linguistics. Festschrift for Oswald Szemerényi on the Occasion of his 65th Birthday*. 2 Bde., Amsterdam 1979.

Fs Winter = *Studia Linguistica Diachronica et Synchronica Werner Winter sexagenario ... oblata*. Berlin–New York–Amsterdam 1985.

Georgica	=	*Georgica. Zeitschrift für Kultur, Sprache und Geschichte Georgiens und Kaukasiens*. Konstanz.
GGA	=	*Göttingische Gelehrte Anzeigen*. Göttingen.
GK	=	*Gengo Kenkyū*. Tokio.
GL	=	*General Linguistics*. University Park, Pennsylvania.
Glotta	=	*Glotta. Zeitschrift für griechische und lateinische Sprache*. Göttingen.
GMÜR	=	R. GMÜR, *Das Schicksal von F. de Saussures „Mémoire"* [.] *Eine Rezeptionsgeschichte*. Bern 1986.
GÖRTZEN	=	J. GÖRTZEN, *Die Entwicklung der indogermanischen Verbindungen von dentalen Okklusiven mit besonderer Berücksichtigung des Germanischen* [*IBS* 94]. Innsbruck 1998.
Gr.	=	(Alt)griechisch.
GrammKat	=	*Grammatische Kategorien. Funktion und Geschichte*. Akten der VII. Fachtagung der Indogermanischen Gesellschaft Berlin 1983. Wiesbaden 1985.
Gs Ammer	=	*Studien zur allgemeinen und vergleichenden Sprachwissenschaft. Karl Ammer zum Gedenken*. Jena 1976.
Gs Cowgill	=	*Studies in Memory of Warren Cowgill (1929–1985)*. Berlin–New York 1987.
Gs Kerns	=	*Bono Homini Donum. Essays in Historical Linguistics in Memory of J. Alexander Kerns*. Amsterdam 1981.
Gs Kuryłowicz I	=	*Kuryłowicz Memorial Volume. Part One*. Krakau 1995.
Gs Pedersen	=	*In honorem Holger Pedersen*. Kolloquium der Indogermanischen Gesellschaft 1993 in Kopenhagen. Wiesbaden 1994.
Gs Safarewicz	=	*Analecta Indoevropæa Cracoviensia Ioannis Safarewicz Memoriae Dicata*. Krakau 1995.
Gs Tovar/Michelena	=	*Studia Indogermanica et Palaeohispanica in honorem A. Tovar et L. Michelena*. Salamanca 1990.
Gs Van Windekens	=	*Studia Etymologica Indoeuropaea Memoriae A. J. Van Windekens … Dicata*. Leuven 1991.
Gs Žirmunskij	=	*Philologica. Issledovanija po jazyke i literature. Pamjati akad. V. M. Žirmunskogo*. Leningrad 1973. [Lt. Sprache 20 (1974) 177].
HÄUSLER	=	A. HÄUSLER, *Nomaden, Indogermanen, Invasionen. Zur Entstehung eines Mythos*. Halle/Saale *(OWZ)* 2003.
Heth.	=	Hethitisch.
HIERSCHE*Asp*	=	R. HIERSCHE, *Untersuchungen zur Frage der Tenues aspiratae im Indogermanischen*. Wiesbaden 1964.
HIN*Mi*²	=	O. v. HINÜBER, *Das ältere Mittelindisch im Überblick*. 2., erweiterte Auflage [SbAkWien 467]. Wien 2001.
HL	=	*Historiographia Linguistica*. Amsterdam.
HS	=	*Historische Sprachforschung*. Göttingen. [~*KZ*].

IBS = *Innsbrucker Beiträge zur Sprachwissenschaft*. Innsbruck.

IBS-VKlS = *Innsbrucker Beiträge zur Sprachwissenschaft, Vorträge und kleinere Schriften*. Innsbruck.

IC = *Indogermanische Chronik*. Bibliographischer Anhang zu *Sprache* 13ff.

Idg. = Indogermanisch.

IF = *Indogermanische Forschungen*. Zuletzt Berlin–New York.

IIJ = *Indo-Iranian Journal*. Zuletzt Dordrecht–Boston–London.

Iir. = Indoiranisch.

IJ = *Indogermanisches Jahrbuch*. Berlin.

IndTaur = *Indologica Taurinensia*. Turin.

IntSympArmLing = *International Symposium on Armenian Linguistics*, Yerevan 1982 : Reports.

IzvAN = *Izvestija Akademii Nauk. Otdelenija Literatury i Jazyka*. Moskau.

Jav. = Jungavestisch.

JEFFERS – LEHISTE = R. J. JEFFERS – I. LEHISTE, *Principles and Methods for Historical Linguistics*. Cambridge (Mass.)–London 1979.

JIES = *Journal of Indo-European Studies*. Zuletzt Washington (D. C.).

JIESMonogrS = *JIES Monograph Series*.

JOKI*UrIdg* = A. J. JOKI, *Uralier und Indogermanen. Die älteren Berührungen zwischen den uralischen und indogermanischen Sprachen*. Helsinki 1973.

KBS = *Klagenfurter Beiträge zur Sprachwissenschaft*. Klagenfurt.

KIMBALL, *HHPh* = S. E. KIMBALL, *Hittite Historical Phonology*. Innsbruck 1999.

Kratylos = *Kratylos. Kritisches Berichts- und Rezensionsorgan fur indogermanische und allgemeine Sprachwissenschaft*. Wiesbaden.

KRONASSER*Etym* = H. KRONASSER, *Etymologie der hethitischen Sprache* I. Wiesbaden 1966.

KRONASSER*VLFL* = H. KRONASSER, *Vergleichende Laut- und Formenlehre des Hethitischen*. Heidelberg 1956.

KZ = *Zeitschrift für Vergleichende Sprachforschung. Begründet von Adalbert Kuhn*. [Ab Bd. 101 (Göttingen 1988) *HS*].

LALIES = *LALIES. Actes des sessions de linguistique et de littérature*. Paris.

LAn	= *Linguistic Analysis*. Seattle.
Language (Lg)	= *Language. Journal of the Linguistic Society of America*. Zuletzt Washington (D. C.).
Language Change	= L. E. BREIVIK – E. H. JAHR (edd.), *Language Change. Contributions to the Study and Its Causes* [*TrLStM* 43]. Berlin–New York 1989.
Language Typology 1987	= W. P. LEHMANN (ed.), *Language Typology 1987. Systematic Balance in Language*. Amsterdam–Philadelphia 1990.
LarTheor	= A. BAMMESBERGER (ed.), *Die Laryngaltheorie und die Rekonstruktion des indogermanischen Laut- und Formensystems*. Heidelberg 1988 [s.o. **3. 5. 1. 14**].
Lat.	= Lateinisch.
LEHISTE, s. JEFFERS–LEHISTE.	
LEHMANN, *Bases*	= W. P. LEHMANN, *Theoretical Bases of Indo-European Linguistics*. London–New York 1993.
LEHMANN, *Phon*	= W. P. LEHMANN, *Proto-Indo-European Phonology*. Austin 1955.
LEHMANN, *Richtung*	= W. P. LEHMANN, *Die gegenwärtige Richtung der indogermanistischen Forschung*. Budapest 1992.
LexGramm	= H. STAMMERJOHANN (ed.), *Lexicon Grammaticorum. Who's Who in the History of World Linguistics*. Tübingen 1996.
Lg, s. *Language*.	
LIE	= *Langues indo-européennes* [.] *Sous la direction de Françoise Bader*. Paris 1997.
LIn	= *Linguistic Inquiry*. Cambridge (Mass.).
LINDEMAN, *Introd*	= F. O. LINDEMAN, *Introduction to the 'Laryngeal Theory'* [IBS Nr. 91]. Innsbruck 1997 (s.o. **3. 5. 1. 17**).
L'indoeuropeo	= *L'indoeuropeo : Prospettive e Retrospettive. Atti dell Convegno della Società Italiana di Glottologia*. [Biblioteca della Società Italiana di Glottologia 22]. Rom 1997.
Lingua	= *Lingua. International Review of General Linguistics*. Amsterdam.
Linguistica	= *Linguistica*. Laibach.
Lituanus	= *Lituanus : The Lithuanian Quarterly*. Chicago.
*LIV*²	= *Lexikon der indogermanischen Verben. Die Wurzeln und ihre Primärstammbildungen*. Unter Leitung von H. RIX und der Mitarbeit vieler anderer bearbeitet von M. KÜMMEL, TH. ZEHNDER, R. LIPP, B. SCHIRMER; zweite, erweiterte und verbesserte Auflage, bearbeitet von H. RIX und M. KÜMMEL. Wiesbaden 2001.
LPosn	= *Lingua Posnaniensis*. Posen.
LSAMH 1975	= *Linguistic Society of America. 50th Annual Meeting 1975*, San Francisco Meeting Handbook.
LSIE	= *Leiden Studies in Indo-European*. Amsterdam–Atlanta.

LU	=	*Linguistica Uralica*. Tallinn.
MBr*IS*	=	M. Meier-Brügger, *Indogermanische Sprachwissenschaft*. 8., überarbeitete und ergänzte Auflage. Berlin–New York 2002.
Meid,/b/	=	W. Meid, *Das Problem von indogermanisch /b/* [*IBS-VKlS* 44]. Innsbruck 1989.
Meiser	=	G. Meiser, *Historische Laut- und Formenlehre der lateinischen Sprache*. Darmstadt 1998.
Melchert, *AHPh*	=	H. C. Melchert, *Anatolian Historical Phonology*. Amsterdam–Atlanta 1994.
Mh	=	M. Mayrhofer.
Mh*AKS*	=	M. Mayrhofer, *Ausgewählte Kleine Schriften* [I], II. Wiesbaden 1979, 1996.
Mh*EWAia*	=	M. Mayrhofer, *Etymologisches Wörterbuch des Altindoarischen*. Bd. I, II, III, Heidelberg 1992, 1996, 2001.
Mh*Ll*	=	M. Mayrhofer, *Lautlehre* [*Segmentale Phonologie des Indogermanischen*]. 2. Halbband von W. Cowgill – M. Mayrhofer, *Indogermanische Grammatik* Bd. I, Heidelberg 1986.
Mh, *Nach hundert Jahren*	=	M. Mayrhofer, *Nach hundert Jahren. Ferdinand de Saussures Frühwerk und seine Rezeption durch die heutige Indogermanistik* [*SbAkHeidelberg* 1981/8]. Heidelberg 1981.
Mh*RVPN*	=	M. Mayrhofer, *Die Personennamen in der Ṛgveda-Saṁhitā. Sicheres und Zweifelhaftes* [*SbAkMünchen* 2002/3]. München 2003.
Mh*SkrSAlteur*	=	M. Mayrhofer, *Sanskrit und die Sprachen Alteuropas. Zwei Jahrhunderte des Widerspiels von Entdeckungen und Irrtümern* [*NachrAkGöttingen* 1983/5]. Göttingen 1983.
Minerva	=	*Minerva : Revista de filología clásica*. Valladolid.
MSS	=	*Münchener Studien zur Sprachwissenschaft*. München.
NachrAkGöttingen	=	*Nachrichten der Akademie der Wissenschaften in Göttingen*. I. Philos.-histor. Klasse.
NewSound	=	T. Vennemann (ed.), *The New Sound of Indo-European. Essays in Phonological Reconstruction* [*TrLStM* 41]. Berlin–New York 1989.
NostrDCAustrAmer	=	*Nostratic, Dene-Caucasian, Austric and Amerind : materials from the first international interdisciplinary symposium on language and prehistory Ann Arbor 1988*. Bochum 1992.
Notes on Linguistics	=	*Notes on Linguistics*. Dallas.
NStLatL	=	*New Studies in Latin Linguistics. Selected Papers from*

		the 4th International Colloquium on Latin Linguistics. Amsterdam–Philadelphia 1991.
NTS	=	*Norsk Tidsskrift for Sprogvidenskap.* Oslo.
OLZ	=	*Orientalistische Literaturzeitung.* Leipzig.
Orbis	=	*Orbis. Bulletin international de documentation linguistique.* Löwen.
OWZ	=	*Orientwissenschaftliches Zentrum der Universität Halle-Wittenberg.*
PBLS	=	*Proceedings of the Annual Meeting of the Berkeley Linguistics Society.* Berkeley.
PCLS	=	*Proceedings of the Chicago Linguistic Society.* Chicago.
Phonetica	=	*Phonetica. International journal of speech science.* Basel.
PICL 14	=	*Proceedings of the Fourteenth International Congress of Linguists Berlin, August 1987.* 3 Bde., Berlin 1990.
POKORNY*IEW*	=	J. POKORNY, *Indogermanisches Etymologisches Wörterbuch.* 2 Bde., Bern–München 1959, 1969.
POLOMÉ – WINTER 1992	=	E. C. POLOMÉ – W. WINTER (edd.), *Reconstructing Languages and Cultures* [*TrLStM* 58]. Berlin–New York 1992.
PUHVEL*HED*	=	J. PUHVEL, *Hittite Etymological Dictionary* Vol. 1–2, 3, 4, 5 [*TrLD* 1, 5, 14, 18]. Berlin–New York (–Amsterdam) 1984, 1991, 1997, 2001.
RASMUSSEN*SelP*	=	J. E. RASMUSSEN, *Selected Papers on Indo-European Linguistics.* Kopenhagen 1999.
RÉDEI*Sprachkont*	=	K. RÉDEI, *Zu den indogermanisch-uralischen Sprachkontakten* [*SbAkWien* 468]. Wien 1986.
RekRelCh	=	*Rekonstruktion und relative Chronologie. Akten der VIII. Fachtagung der Indogermanischen Gesellschaft Leiden 1987.* Innsbruck 1992.
RIX, *KS*	=	H. RIX, *Kleine Schriften.* Bremen 2001.
RVPN, s. MH*RVPN*.		
SALMONS*Glott*	=	J. C. SALMONS, *The Glottalic Theory. Survey and Synthesis* [*JIESMonogrS* 10]. Mc Lean (Virginia) 1993.
SAUSSURE, *Mém*	=	F. DE SAUSSURE, *Mémoire sur le système primitif des voyelles dans les langues indo-européennes.* Leipzig 1879.
SAUSSURE, *Recueil*	=	*Recueil des publications scientifiques de F. de Saussure.* Genf 1922 (Nachdruck Genf–Paris 1984).
SbAkHeidelberg	=	*Sitzungsberichte der Heidelberger Akademie der Wissenschaften. Phil.-Hist. Klasse.* Heidelberg.
SbAkMünchen	=	*Sitzungsberichte der Bayerischen Akademie der Wissenschaften. Phil.-Hist. Klasse.* München.

SbAkWien = *Sitzungsberichte der Österreichischen Akademie der Wissenschaften. Phil.-Hist. Klasse.* Wien.

SCHLEICHER*Comp* = A. SCHLEICHER, *Compendium der vergleichenden Grammatik der indogermanischen Sprachen.* 2. Aufl., Weimar–London–Paris 1899.

SCHMID, *KS* = *Linguisticae Scientiae Collectanea. Ausgewählte Schriften von Wolfgang P. Schmid.* Berlin–New York 1994.

SCHMITT-BRANDT, *Einf* = R. SCHMITT-BRANDT, *Einführung in die Indogermanistik.* Tübingen–Basel 1998.

SCHMITT-BRANDT, *Entw* = R. SCHMITT-BRANDT, *Die Entwicklung des indogermanischen Vokalsystems (Versuch einer inneren Rekonstruktion).* Heidelberg 1967.

SCHRIJVER, *Refl* = P. SCHRIJVER, *The Reflexes of the Proto-Indo-European Laryngeals in Latin* [*LSIE* 2]. Amsterdam–Atlanta 1991.

SCHWINK = F. M. SCHWINK, *Linguistic Typology, Universality and the Realism of Reconstruction* [*JIESMonogrS* 10]. Washington (D. C.) 1994.

ScrMin, s. SZEMERÉNYI*ScrMin*.

SelP, s. RASMUSSEN*SelP*.

SILTA = *Studi italiani di linguistica teorica ed applicata.* Padua.

SOL = *Studi orientali e linguistici.* Bologna.

SOMMER – PFISTER = F. SOMMER, *Handbuch der lateinischen Laut- und Formenlehre*[4], Band I : *Einleitung und Lautlehre* von R. PFISTER. Heidelberg 1977.

SophiaLing = *Sophia Linguistics*, Working Papers in Linguistics (Sophia University, Tokyo).

Sprache = *Die Sprache. Zeitschrift für Sprachwissenschaft.* Wien.

Sprachwissenschaft = *Sprachwissenschaft.* Heidelberg.

SprwPhil = *Sprachwissenschaft und Philologie. Jacob Wackernagel und die Indogermanistik heute.* Kolloquium der Indogermanischen Gesellschaft 1988 in Basel. Wiesbaden 1990.

StII = *Studien zur Indologie und Iranistik.* Reinbek.

SZEMERÉNYI*Einf* = O. SZEMERÉNYI, *Einführung in die vergleichende Sprachwissenschaft*, 3. Auflage 1989 [~o. **3. 5. 1. 15** mit Anm. 158]. Darmstadt 1989.

SZEMERÉNYI*ScrMin* = O. SZEMERÉNYI, *Scripta Minora* I–IV. Innsbruck 1987–1991. [~MBR*IS* LXXXIX].

TREMBLAY 2003 = X. TREMBLAY, *La déclinaison des noms de parenté indo-européens en -ter-* [IBS Bd. 106]. Innsbruck 2003.

TrLD = *Trends in Linguistics, Documentation.* Berlin–New York(–Amsterdam).

TrLStM = *Trends in Linguistics, Studies and Monographs.* Berlin–New York.

Uralo-Indogermanica = *Uralo-Indogermanica. Balto-slavjanskie jazyki i problema uralo-indoevropejskich svjazej*. Čast' I, II. Moskau 1990.

VDI = *Vestnik Drevnej Istorii*. Moskau.

Veleia = *Veleia, Revista de Prehistoria, Historia antigua, Arqueología y Filología clásicas*. Vitoria.

VENNEMANN, s. *NewSound*.

VJa = *Voprosy jazykoznanija*. Moskau.

VMU = *Vestnik Moskovskogo universiteta. Serija 9 : Filologija*. Moskau.

WAUGH – RUDY 1991 = L. R. WAUGH – ST. RUDY (edd.), *New Vistas in Grammar : Invariance and Variation* [*Proceedings of the 2nd International Roman Jakobson Conference 1985*]. Amsterdam–Philadelphia 1991.

WINDISCH*GSkrPhil* = E. WINDISCH, *Geschichte der Sanskrit-Philologie und indischen Altertumskunde*. Teil I, II. Strassburg 1917, Berlin–Leipzig 1920.

WINTER 1995 = W. WINTER (ed.), *On Languages and Language. The Presidential Addresses of the 1991 Meeting of the Societas Linguistica Europaea* [*TrLStM* 78]. Berlin–New York 1995.

Word = *Word, Journal of the International Linguistic Association*. New York.

WPLUH = *Working papers in linguistics, Dept. of Linguistics, University of Hawaii*. Honolulu.

WRB*VIA I* = CH. H. WERBA, *Verba Indoarica. Die primären und sekundären Wurzeln der Sanskrit-Sprache. Pars I : Radices Primariae*. Wien 1997.

WYATT, /a/ = W. F. WYATT, JR., *Indo-European /a/*. Philadelphia 1970.

ZPhon = *Zeitschrift für Phonetik, Sprachwissenschaft und Kommunikationsforschung*. Berlin.

8. Register

Die Register verweisen auf Paragraphen bzw. Anmerkungen.

8.1. Autorenregister

8.2. Sachregister

8.3. Sprachenregister

8.3.1. Indogermanisch

8.3.2. Anatolisch

8.3.3. Tocharisch

8.3.4. Armenisch

8.3.5. (Neu-)Phrygisch

8.3.6. Altindoarisch

Reihung der Nāgarī.

8.3.7. Iranisch

Bei der Reihung (nach dem latein. Alphabet) wird *ə* nicht einbezogen.

8.3.8. Griechisch

8.3.8.1. Rekonstruktionen

8.3.8.2. Mykenisch

8.3.8.3. Alphabetisches Griechisch

8.3.9. Lateinisch